LE MONDE SUR LE FLANC DE LA TRUITE

DU MÊME AUTEUR

La Belle Épouvante, roman, Éditions Quinze, 1980 ; Éditions Julliard, 1981. Prix Robert-Cliche.

Le Dernier Été des Indiens, roman, Éditions du Seuil, 1982. Prix Jean-Macé.

Une belle journée d'avance, roman, Éditions du Seuil, 1986. Prix Québec-Paris.

Le Fou du père, roman, Éditions du Boréal, 1988. Prix de la Ville de Montréal.

Le Diable en personne, roman, Éditions du Seuil, 1989.

Baie de feu, poésie, Éditions des Forges, 1991.

L'Ogre de Grand Remous, roman, Éditions du Seuil, 1992.

Sept lacs plus au nord, roman, Éditions du Seuil, 1993.

Le Petit Aigle à tête blanche, roman, Éditions du Seuil, 1994. Prix du Gouverneur général, 1994 ; prix France-Québec, 1995.

Où vont les sizerins flammés en été ?, histoires, Éditions du Boréal, 1996.

Robert Lalonde

LE MONDE SUR LE FLANC DE LA TRUITE

Notes sur l'art de voir, de lire et d'écrire

Boréal

Les Éditions du Boréal sont inscrites au Programme de subvention globale du Conseil des Arts du Canada et reçoivent l'appui de la SODEC.

L'auteur remercie le Conseil des Arts du Canada.

Conception graphique : Devant le jardin de Bertuch.

© Les Éditions du Boréal
Dépôt légal : 1er trimestre 1997
Bibliothèque nationale du Québec

Diffusion au Canada : Dimedia
Diffusion et distribution en Europe : Les Éditions du Seuil

Données de catalogage avant publication (Canada)
    Lalonde, Robert
    Le Monde sur le flanc de la truite
    ISBN 2-89052-820-0
    I. Titre.

PS8573.A3835M66	1997	C844'.54	C97-9401156-9
PS9573.A3835M66	1997		
PQ3919.2.34M66	1997		

Grand feu de petits fagots, comme on disait de moi.
Gabrielle Roy, *Le vieillard et l'enfant*.

Nothing on earth is more gladening than knowing we must roll up our sleeves and move back the boundaries of the humanly possible once more.
Annie Dillard, *The writing life*.

Nous n'allons pas ; on nous emporte, comme les choses qui flottent, ores doucement, ores avec violence, selon que l'eau est ireuse ou bonasse... Et puis, y ayant tant de soudains changements aux choses humaines, il est malaisé à juger à quel point nous sommes justement au bout de notre espérance.
Montaigne, *Les Essais*.

Avertissement

Toutes les traductions de l'anglais sont de l'auteur, qui y est allé à sa façon, sorcière et métaphorique. Conscient des imprécisions inévitables, et parfois voulues, l'auteur, qui ne croit pas, hélas, à la possible magie d'une traduction fidèle, invite le lecteur à s'amuser, comme lui l'a fait, de la belle extravagance des multiples transpositions imaginables. Pour le plaisir, avant tout, comme il s'en explique plus loin, dans le présent ouvrage.

J'ai entendu pleurer le mainate. J'ai aperçu les petits lacs noirs de neige fondue, dans les champs. « Tout se tient non par la violence mais par le nombre, le poids et la mesure », écrit F.-A. Savard. Les branches, dures et sèches encore, claquent comme les cordes à hisser le drapeau, contre son mât. Le merle traverse ce grand vide d'avril avec son cri vigoureux, prometteur, plein d'une espérance qui fera venir les chaleurs. Les bourgeons des érables sont comme des tisons au bout des branches, des petits morceaux de feu qu'on dirait frais sortis d'un brasier. J'écris pour VOIR, c'est bien sûr. Pour chasser les mauvais mystères de la nuit, pour faire un printemps du matin. J'écris pour naître, encore, toujours. Par l'attention neuve, m'absenter de moi, de ce fouillis de tentatives d'être dans un absolu qui vous émiette et vous éparpille comme le vent, ce matin, fait avec les vieilles feuilles, les vieilles tiges de l'an passé. Oui, ce désir de tout être et de tout avoir, l'ancienne maladie qui revient encore, de temps en temps, m'empoisonner, comme une odeur de marmotte pourrie parmi les bonnes senteurs de sèves et de la terre délivrée des neiges.

J'écris pour cesser de savoir et pour commencer d'apercevoir et de sentir. Dans le Y du bouleau, un nid est commencé. Sur la mousse, sous le sumac, les ombres des mûriers, compliquées comme des chevelures, s'emmêlent et se balancent. Elles parlent le langage indéchiffrable du cerveau, la nuit. J'écris pour me perdre et me retrouver, dans l'effrayante surabondance du matin, ici, parmi les vieux deuils et les ardeurs nouvelles. « All my life I have wanted to trick blood from a rock. I have dreamed about raising the devil and cutting him in half. I have thought too about never being afraid of anything at all », écrit Barry Lopez, dans son petit livre étrange, émouvant, *Desert Notes*. Un petit livre comme une strate d'argent, ou de turquoise, au cœur d'une pierre noire. Un petit livre que je lis en écrivant, en regardant, partout, ses pages pleines remuant avec mes pages blanches, dans un de ces coups de vent pleins de soleil de ce commencement d'avril, pascal, généreux, presque oppressant. « The smell of water lays along the surface of the earth like a long stick of peeled elmwood. » Lopez a de ces phrases qui vous ressuscitent tranquillement et vous donnent à apercevoir enfin à quel point vous êtes perpétuellement distrait, ailleurs, énervé et passionnément à côté de tout. Mais je le sais, comme de raison. Que je suis absent, souvent, je veux dire. Que je suis compassé, compulsif, compensatoire, compliqué. J'écris, alors je le sais. Il y a belle lurette que j'ai oublié mon pauvre et indigent grand rêve de sainte simplification. L'univers est tressé de mille millions de mystères entrelacés, comme ces brindilles de bouton d'or et les brins de laine de mon vieux foulard avec lesquels l'oriole du nord a fait son nid, dans le prunier, au printemps dernier. Une profonde poche compliquée et bariolée, que j'aperçois maintenant, et qui pendouille à la branche du prunier, dévoré par le nodule noir. Encore un mystère, un autre, et qui tue, celui-là, lentement, et puis disparaît, perd son épouvantable magie, et parfois quelques arbres fruitiers sont sauvés, comme on échappe, de temps en temps, au malheur, inexplicablement.

> *Toute ma vie j'ai désiré entailler la pierre pour en faire jaillir le sang. Je rêvais de me battre avec le diable et de le pourfendre. J'ai aussi longtemps ambitionné de n'avoir peur de rien.*

> *L'odeur de l'eau flotte au-dessus de la terre comme une longue pelure d'écorce d'orme.*

Pâques avant ou après les Rameaux, peu importe, vie sauvegardée et printemps malgré tout, on est sauvé ! Pourquoi moi ? On s'émerveille et puis tout de suite on s'inquiète. On veut tout de suite s'en aller, quelque part, employer follement cette énergie terrible de survivant, la dépenser à en mourir. Et pourtant, il a raison, Lopez, quand il écrit encore : « But you must stay. This is the pain of it all. You can't keep leaving. What makes you want to leave now is what is trying to kill you. »

Cependant, tu dois demeurer. C'est effrayant, mais c'est comme ça. Tu ne peux pas sans cesse vouloir t'en aller. Ce qui te pousse parfois à fuir est en même temps ce qui cherche à te tuer.

* * *

Le vent ouvre la porte du hangar, fait tinter les petits-chats-avec-leurs-pots-au-lait accrochés à la branche la plus basse du sumac et bardasse les têtes des pins, en leur arrachant ce chant d'enfance et de mort qui m'a toujours rejoint, partout. Je l'ai entendu, les jours de vent fort, à Oka, bien sûr, berceur et triste, et parfois apaisant, mais aussi dans l'île de Vancouver, au bord de la Méditerranée, sur une pointe de plage sauvage du Yucatán, et qu'on appelle Punta Arenas, le long des bayous de Géorgie et de Floride, et sur un petit promontoire au-dessus de la mer, en Gaspésie. Le même souffle feulant, l'air des pins et de la bourrasque, la plainte soûlante de la terre qui vit, meurt, recommence, dans une solitude et un appel infinis, une grâce presque effrayante. Je marche dans le vent et médite cette phrase d'Annie Dillard, écrite pour moi, pour aujourd'hui, pour le vent, l'enfance, la mort et le printemps : « This is what I had come for, just this, and nothing more. A fling of leafy motions on the cliffs, the assault of real things, living and still, with shapes and powers under the sky — this is my city, my culture, and all the world I need. »

> *Je suis venue pour ça, et pour ça seulement : pour cette belle gesticulation des feuillages en haut des falaises, pour cet assaillement des choses vivantes et durables, avec leurs contours et leur force, sous le grand ciel. Tout ça, c'est ma réalité, mon savoir, la part de multitude dont j'ai besoin.*

* * *

J'ai appelé la tourterelle triste (*mourning dove*, tourterelle-qui-pleure, ou tourterelle en deuil, est tellement plus beau, plus juste!). Avec la plainte en ressort qui se brise du carouge, c'est le parler d'oiseau que je contrefais le mieux. On arrondit les lèvres, comme pour siffler, puis on chasse l'air, comme dans une flûte dont on ne sait pas jouer. Le roucoulement vient tout seul, enfle et décroît, facilement, comme toute lamentation bien sentie. Et la tourterelle descend dans le cèdre et me répond. Que pense-t-elle de ce grand roucoulant extravagant, nouvellement poussé entre le bouleau et les marches du perron, jonchées de graines de tournesol ? Elle descend sur l'herbe. Elle vole balourdement, comme une petite volaille qui ne sait pas depuis très longtemps se servir de ses ailes. Elle se plaint encore et j'imite sa mélopée triste. Puis elle décolle, file en rasant les groseilliers, gémit une dernière fois et disparaît en bondissant lentement, souplement, dans l'air, derrière les lilas, qui ne sont encore qu'une broussaille touffue, terminée par des pointes de flèches arrondies, les petits bourgeons serrés, durs et luisants.

Ai-je dit, sifflé quelque chose qu'il ne fallait pas ? La tourterelle est facétieuse, inquiète et perpétuellement sur ses gardes. Peut-être a-t-elle conservé, de certains fracassants coups de fusil, un souvenir alarmé ? De certaines grilles de cage, une souvenance tourmentée ? (On l'a longtemps capturée et emprisonnée dans les volières ouvragées des grandes demeures seigneuriales, où son chant langoureux égayait tristement les après-midi de ces grands bourgeois désœuvrés, de ces liseuses alanguies en châle de dentelle.) Pigeonneau, colombe, tourte, elle a bien de la parenté qui finit plus souvent qu'à son tour dans de beaux plats incrustés de fils d'or, sur des tables endimanchées de nappes à guipure et garnies de hauts bouquets de banquet.

Je reste là, à siffler faux, flûte fêlée, tuyau percé. Puis je rentre, alangui et frissonnant. Le petit vent mord encore. Je retrouve Bernd Heinrich, ouvert sur ma table. Je lis : « My preoccupation with time, when I want to be timeless, has taken me to new heights of eccentricity. » À qui le dit-il ! Je suis seul mais je suis peuplé, plein à craquer ! Et si j'ai tout mon temps, les heures n'en sont pas plus longues et je ne sais rien, ne vois toujours rien, ou si peu...

Quand il m'arrive de souhaiter être éternel, ma hantise du temps qui passe me pousse à des extravagances vertigineuses.

Les savants les plus réputés, zoologues, ornithologues, spécialistes chevronnés de la gent ailée, ne se satisfont plus maintenant de l'explication, qui fit loi un temps, du chant des oiseaux. À savoir qu'ils turlutent pour marquer leur territoire, ou parce qu'ils ont faim, traquent, chassent et se lamentent, le ventre creux. Non. Tout ça n'est plus si clair. Honnêtement, nous hantons la terre depuis des millions d'années et ne savons toujours pas, pour sûr, pourquoi les oiseaux chantent. Dillard écrit là-dessus : « We need someone to unlock the code to this foreign language... Or should we learn, as I did (and I did too, écrivailleur forcené !) each new word one by one ? It could be that a bird sings I am a sparrow, sparrow, sparrow ! »

> *Qui décodera pour nous ce parler-là, qui nous est étranger. Peut-être nous faudrait-il tout épeler, comme j'ai appris à le faire moi-même, chacun des mots nouveaux, lentement et l'un après l'autre. Il*

se pourrait bien que l'oiseau chante, tout simplement : « Je suis un petit moineau, petit moineau, petit moineau. »

Pourquoi pas ? Ne crions-nous pas, tout le temps, nous autres : « Je suis moi, et personne d'autre. Je suis ce que je fais, je suis venu pour ça, pour rien d'autre ! » Ou quelque chose comme ça ?

* * *

Il tombe une pluie si fine qu'on ne la voit pas, à moins de lancer le regard vers les pins, au fond de l'horizon, ou sur le mur du hangar, et alors on aperçoit comme une neige de fines perles, oblique et continue, un voilage qui glisse, luisant, tout ajouré et que promène à son gré le vent qui ne nous quitte plus. Il décoche, sur l'eau du lac, tranquille et noire comme du thé, des rafales de flèches invisibles, qui font frissonner le miroir où les herbes réfléchies s'embrouillent, se mêlent aux nuages et aux sapins, et ce n'est plus qu'une simagrée remuante de vert, de paille et d'argent, semblable à ce grouillement chamarré, à cette bouillie de couleurs et de lumière qu'aperçoivent tout d'abord, paraît-il, les aveugles qui recouvrent la vue. On raconte que certains sont si découragés par ce flou soudain, violent, chatoyant et sans profondeur, qu'ils regrettent le noir profond où leur imagination travaillait savamment, patiemment, le paysage, comme un peintre, aménageant les perspectives, harmonisant leur idée de la lumière avec leur affabulation des formes et des couleurs, inventant l'univers visible à leur désir. Ce qu'on désire est toujours si beau, si rassasiant, si irremplaçable !

Je boutonne ma veste jusqu'au cou — le vent fouette toujours et pince — et je m'accroupis dans l'herbe qui craque sous mes bottes, comme si le feu y était pris. Je regarde dans l'eau, le monde inversé d'abord, arbres et grandes tiges mortes et moi-même, tout ça la tête en bas, et puis la profondeur glauque où bougent des lueurs, comme du feu dans de la glace. Je reste là et j'attends, je ne lâche pas le noir frémissant de l'eau. Mes yeux piquent, brûlent, des larmes fraîches coulent sur mes joues — oh !, pleurer sans douleur, sans euphorie non plus, sans danger ! Au bout d'un long moment, j'en aperçois une, enfin, enfoncée jusqu'aux pattes dans la vase, une grenouille. Elle remue, mais je sais bien que c'est la mouvance de l'eau qui l'agite. Elle dort. Pour quelques semaines encore, calée dans la boue, oublieuse, oubliée. Dans dix ou vingt jours, elle sifflera avec les autres, ressuscitée, affamée, épouvantée, surabondamment vivante. Je ne sais trop pourquoi — mais voyons ! tu vis avec les mots, tout le temps tu es attrapé, piégé, ensorcelé ! — je songe à la ouananiche décrite par Harry Bernard, et qu'il appelle « le » ouananiche, saumon d'eau douce — « paré de pourpre et d'argent et sa livrée brillante réfléchit au sortir de l'eau les nuances du paysage ». Oui, tiens, maintenant je sais pourquoi je jongle avec les mots de Bernard et songe au monde reflété sur le flanc de sa truite. C'est parce que je ne comprends l'univers que réfracté, réfléchi, renvoyé. Le monde dans l'eau — y en a-t-il assez de criques, de lacs, de rivières, de courants, de sources, d'eaux mortes, de marécages et de simples trous d'eau de pluie, dans mes romans ! Le monde pour ainsi dire redonné, sens dessus dessous, recréé. Le monde revisité de la fiction. L'écho du monde, cette création à l'envers et qui me donne l'illusion d'engendrer à mon tour. Bernard dit encore de la truite : « elle fait hors de l'eau des bonds de six pieds pour saisir une mouche et vole, pour ainsi dire, au-dessus des barrages les plus infranchissables ». Crayon en main, c'est ce que je crois faire aussi. Parfois. Souvent. Comme l'écrit Annie Dillard, que je rejoins, après être rentré, le chien sur mes talons, et après avoir allumé un petit feu dans le poêle : « At its best, the sensation of writing is that of any unmerited grace… You search, you break your heart, your back, your brain and then — and only then — it is handed to you. From the corner of your eye you see motion. Something is moving through the air and headed your way. »

> Au mieux, l'émotion du geste d'écrire ressemble à n'importe laquelle de nos joies imméritées. Tu t'esquintes, tu te fends le cœur, tu te brises le dos et te casses la tête et alors, alors seulement, la grâce t'est accordée. Du coin de l'œil, tu distingues un remuement. Quelque chose bouge dans l'air et s'en vient de ton côté.

Le monde aperçu dans l'eau, ou sur le côté de la truite. Du coin de l'œil, je l'aperçois, et les mots viennent, tranquillement, un à un, ils descendent dans le grand lac de ciel que j'ai alors dans la tête. Et j'aime, d'un amour fou, absolument acharné, incompréhensible, maboul, me débattre avant le bon moment, perdre mes gageures et sécher sur place, pour un temps indéterminé, stupide encore, scribouiller des phrases approximatives, attendre, forcer, espérer — *break your heart, your back, your brain* —, puis renoncer et aller marcher, puis revenir, abattu, et regarder dans l'eau où, tout ce temps-là, remuait la scène, neuve, miroitante, toute prête : le monde sur le flanc de la ouananiche…

* * *

Le vent a forci, il brasse les branches, les cogne contre la maison, secoue les arbres comme s'il voulait les forcer à plier, à toucher terre. Je sors sur la galerie et fais tout de suite trois pas de côté, malgré moi, emporté. Ma chemise se gonfle comme une voile, et la peau de mon ventre et de mon dos est frictionnée par de longs et immatériels doigts d'air froid qui me tirent brusquement de ma tranquillité inquiète. J'inspire, à ne plus savoir où l'engouffrer, la tourmente qui a un goût d'eau d'érable. Et j'écoute, longtemps, le grand souffle brasser, brailler, tout bousculer. J'aime frileusement cette puissante exhalaison, qui s'accorde si bien avec certains grands désordres du cœur, souvent inconnus, inconnaissables, qu'on est soulagé de se trouver plus faible qu'elle, une courte agitation essoufflée, un tout petit personnage soucieux dans le cyclone de la nuit. Je lève la tête, mes cheveux aussitôt sont balayés sur mes yeux et, à travers la mèche qui gigote, j'aperçois toute une neige d'astres, ballottés, eux aussi tremblants, feux clignotants, follets, scintillements affolés dans le grand drap de velours noir du ciel. Le chien, toute sa fourrure retroussée, vibrante, hume ce vent-là, y décèle peut-être l'arôme musqué de la marmotte, le remugle d'une bouse de chevreuil ou bien la trace fraîche et humide encore de la loutre dans l'herbe. Son mufle a vingt-cinq fois le pouvoir du mien et je sais qu'il est fier de ça, de ce privilège, de cette supériorité. Il peut, lui, facilement renifler ma sueur, par exemple, quand j'essaie de me cacher de lui, flairer les bêtes embusquées, sentir, toujours, ce qui l'entoure. Je fronce le nez, ardemment concentré, toute ma sensibilité réunie dans mes deux pauvres petits naseaux, où mille poils vibratiles travaillent de toutes leurs forces. Le chien me regarde ainsi faire la grimace et dresse deux grandes oreilles d'âne. Ça marche, du moins un peu. Je discerne d'abord le parfum mouillé de la terre et celui de la sève d'érable, mais ceux-là, un nez enrhumé les reniflerait. Et puis, légèrement, très légèrement, la senteur des pousses de lys, à moins que ce ne soit l'herbe, tout simplement, l'herbe froide, à peine dégelée. Et puis encore — là j'ouvre mes vannes à me donner l'air d'un veau — l'odeur des pierres, peut-être, de la roche glacée. Mais c'est la fragrance du froid, simplement, je crois. Une odeur d'hiver, un peu métallique, comme le goût de la broche de clôture gelée. Et puis rien d'autre. Je reprends mon masque habituel, et le chien baisse les oreilles, branle la queue, content de retrouver mon air placide de tous les soirs, sur la galerie. Quel effluve dégagent les graines de tournesol, là-bas, dans la mangeoire ? Et le gravier de l'allée ? Et les petits bourgeons, luisants comme des boutons, du groseillier ? Et l'écorce de l'érable, à dix pieds de moi, celle du bouleau, plus près encore ? Et le vent lui-même, le vent pur, tout seul, et les étoiles ?

Je suis tout à coup fâché d'avoir le nez si peu fin et je rentre, en laissant le chien dehors. Dans la maison, ça sent le tabac, les raisins trop mûrs et le café. Je fourre le nez dans le premier livre attrapé et respire à pleines narines la bonne odeur balsamique, enivrante, de la colle et du papier. Puis je dépose le livre et lis — il n'y a pas de hasard ? : « When we breathe we pass the world through our bodies, brew it lightly, and turn it loose again, gently altered for having known us. »

> À chacune de nos respirations, nous faisons pénétrer l'univers au plus profond du corps. Nous le laissons infuser nos cellules, puis le relâchons doucement. Ce monde que nous expirons n'est plus tout à fait le même qu'avant : il nous a connus en nous traversant.

C'est Diane Ackerman qui écrit ça, pour me consoler de renifler encore en hiver. Le fait est que, dans dix jours, mon nez, comme on dit chez nous, « ne fournira pas ».

D'un coup, le vent est tombé, sans que je m'en aperçoive. Comment n'ai-je pas vu le vent s'en aller ? Je humais la cuisine, mon livre, et le vent en a profité pour décamper. Ne pouvais-je pas voir en même temps que je reniflais ? J'y travaillerai, j'ai encore le temps. Je les ouvrirai, ces sens, comme on perce l'écorce de l'érable pour fixer les chalumeaux ! « I retreat — not inside myself, but outside myself, so that I am a tissue of senses.

Whatever I see is plenty, abundance. I am the skin of water the wind plays over ; I am petal, feather, stone. »

Je ne me retire pas à l'intérieur mais à l'extérieur de moi-même, et alors je ne suis plus qu'un tissu de sens en éveil, tout ce que j'aperçois est plénitude, abondance. Le vent joue sur ma peau comme il joue sur l'eau. Je suis pétale, plume, caillou.

Bien, Miss Dillard, c'est assez pour ce soir. Je monte au lit. Hume-t-on en dormant ?

* * *

L'hiver a repris — comme on dit de la glace qu'elle « prend » — et je marche, ce matin, sur un gazon dur et raboteux comme du ciment. C'est comme si j'avais sorti, hier soir, un grand tapis mouillé et que tous ses plis avaient gelé pendant la nuit, si bien que j'avance en regardant prudemment où je mets le pied, pour ne pas me prendre une botte dans un trou ou dans une bosse, et m'étaler de tout mon long sur la terre empesée. Je fends mon bois avec des gestes abrupts et rouillés, et j'ai tout de suite le cou et les épaules raides et engourdis, martyrisés par mes coups forcenés et la nouvelle violence du froid. J'ai tout de même le temps d'apercevoir, quand je m'arrête pour souffler, trois juncos ardoisés, qui picorent la boule de mie de pain qu'hier j'ai roulée dans ma main, fraîche et huileuse comme du mastic et qui, ce matin, est toute gourmée, tordue en une espèce de vilaine oreille de cochon brunâtre et qui ne goûte absolument plus rien quand je passe la langue dessus, « pour voir ». Apparemment, les juncos se contentent de ce méchant bout de carton, qu'ils attaquent courageusement et en silence, comme des petits moines au réfectoire, entre matines et travail aux champs.

Je rentre, je fais le feu et me dégourdis dans son halo. Le

chien ouvre grande la gueule pour un bâillement de tigre de Sibérie qui s'achève en pleurnichement de bébé. Je vais écrire. J'aime vouloir écrire, attendre, désirer m'y mettre, tourner autour de la table où tout est à la fois pêle-mêle et ordonné, mes livres, les pages, le bol de café froid, le tabac, le briquet, les crayons taillés au couteau de cuisine, les dictionnaires, qui m'intimident toujours autant, comme la Bible, j'imagine, en impose aux apprentis théologiens. Je réchauffe le café, savoure mon envie inquiète, comme on se régale un peu amèrement du commencement d'un amour. Les plus beaux fruits, les plus mûrs, relâchent une certaine âpreté avec leur saveur. C'est que, comme l'écrit Giono, certaines odeurs donnent de merveilleuses et terribles illusions. Ah, son *Hussard sur le toit*, lu et relu, recommencé encore hier, et qui m'enseigne toujours comme il est ardu, mais pourtant facile, si on a de l'espérance, d'enchanter. Pour ce qui est du pouvoir « organique », sensoriel, des mots, je tiens tout de lui, qui peut écrire, librement et à brûle-pourpoint, au milieu d'une haletante péripétie : « l'air graissait les lèvres et les narines comme de l'huile », ou bien « ce vent qui sentait les tuiles chaudes et les nids d'hirondelles ». Ça, pour les odeurs — on me dit souvent que mes livres « sentent » très fort ! —, il reste le plus costaud. « Une odeur de long repos, de chairs paisiblement vieillies, de cœurs tendres, de jeunesse imputrescible, de passions bleues et de tisane de violette venait du beau grenier. » Angelo est sur son toit, il veille et il délire. En bas, le choléra fait ses ravages. Tout en haut de la mort, seul, Angelo reluque, par l'entrebâillement des fenêtres des belles maisons bourgeoises abandonnées, « les objets de la vie élégante et facile endormis dans du miel ». Il rêve et médite, sauvegardé par ses sens, toujours en éveil, « dans ce moment où la paix, la nuit et surtout le velours féminin du vent donnaient de l'éloquence à son cœur ».

Giono m'a donné la permission d'écrire, c'est-à-dire d'écrire comme j'en avais besoin, dense, serré, touffu, juteux, d'écrire en incarnant, en donnant chair et sueur, sang et effluves d'haleines. La permission aussi de tout dire, à condition que le corps y soit, et c'est ça, la présence : le corps avec le dire. Lui qui peut glisser : « Dieu est-il ton ami, fais-tu l'amour ? », en plein cœur d'une scène mouvementée comme une poursuite de cinéma, ou bien laisser son héroïne, dont on ne sait encore presque rien, écrire de longues lettres, où on l'aperçoit enfin, pour ainsi dire, par inadvertance, entière et plus vivante que nous, qui lisons, quand, par exemple, elle écrit (la mère d'Angelo) : « Ne sois jamais une mauvaise odeur pour tout un royaume, mon enfant. Promène-toi comme un jasmin au milieu de tous. » Angelo sur ses toits, Bobi au milieu de ses cerfs, Antonio dans la rivière et puis guidant sa trop belle aveugle, Marceau et mon Cadet, à cheval dans les collines sauvages de Provence, pris d'une amitié effrayante... Tous les hommes de Giono, je les connaissais avant de les connaître. C'étaient mon père, mes oncles, mes cousins, mâles ardents et fermés, redoutables mais remplis de grâce, comme des princes déchus. Aussi quand Giono, parlant de la famille, écrit : « Le sang est le plus beau théâtre », il me donne, en aval et en amont, le droit de m'en mêler à mon tour. « Il faut payer ceux qu'on aime et plus on aime, plus il faut payer cher. » Je savais cela, obscurément, avant que Giono ne l'écrive pour moi, et puis après, je l'ai su avec confiance et opiniâtreté. Je n'ai plus jamais fait semblant d'ignorer qu'on se doit, quand on écrit, « de répondre aux générosités les plus minuscules par des débauches de générosité ». Et, il faut que je le dise, et avec un plaisir neuf encore et une reconnaissance de disciple heureusement tourmenté : je ne crois pas que j'aurais lâché à pleines pages mes Jos Pacôme, Florent, Aubert, Germain, mon Kanak et tous mes autres hommes ensauvagés d'amour innocente et brutale — énergumènes si difficiles à imaginer pour certains et certaines ! — si je n'avais pas eu la joie épouvantable de lire *Deux cavaliers de l'orage*, où brûle et m'éblouit encore cette phrase, en mots de feu : « Il était ivre d'être apaisé par la gloire d'un autre corps que le sien. » Je n'en suis tout simplement jamais revenu.

Se confiant, sur le tard, à Jean et Taos Amrouche, Giono dit : « Si le problème existe, c'est un problème dont, peu à peu, la solution émerge de la page même où le problème est inscrit ». Et je crois cela. Quand on écrit, et si on écrit vraiment, avec tout son corps, comme un peintre-danseur, si on lutte amoureusement avec les phrases, on trouve. Quelque chose qui ressemble à ce qu'on cherchait, qui est à la fois plus et moins que ce qu'on voulait, mais qui peut drôlement faire l'affaire, si ça s'installe bien et nous permet d'avancer. « It is like something you memorized once and forgot. Now it comes back and rips away your breath », écrit Annie Dillard. Et c'est vrai, pour moi. Ce n'est pas simple, ce n'est pas compliqué non plus, c'est mouvant et incompréhensible, comme le courant d'une rivière — encore l'eau, tiens, et pourquoi pas ? Flannery O'Connor, cette chère Flannery — flanelle-qui-rit — que j'aime tant, que je vénère quasiment, comme la sainte comique qu'elle fut, écrit : « Écrire n'est pas, à mon sens, une simple discipline, encore que c'en soit une ; c'est plutôt une certaine façon de regarder le monde, la réalité, et aussi l'art de faire usage de ses sens afin de déchiffrer le mieux possible la signification des choses. » « My sentiment exactly », comme disent les Anglais bien élevés. Mais les écrivains ne sont pas bien élevés, ils sont même un peu fous, je le sais bien, je les connais, et je m'aperçois tout de même un peu moi-même, de temps en temps. Comme le dit Flannery, « si cette histoire produit un choc sur le lecteur, l'une des raisons est probablement qu'elle en produisit un sur son auteur ». Et il y a de ces chocs qui vous ébranlent sur votre chaise, qui sont comme la foudre qui tombe sur l'arbre au-dessus de vous. « Il était ivre d'être apaisé par la gloire d'un autre corps que le sien », par exemple, ou bien « l'homme solitaire prend une fois pour toutes l'habitude de s'occuper de ses propres rêves ; il ne peut plus réagir tout de suite à l'assaut des propositions extérieures. Il est comme un moine à son bréviaire, dans une partie de balle au camp, ou comme un patineur qui glisse trop délibérément et qui ne peut répondre aux appels qu'en décrivant une longue courbe ». C'est ça, un écrivain. Un moine hanté, un patineur emporté par le vent sur ses lames. Un enchanté qui remet ce qu'il a reçu, si possible au centuple, parce qu'il est reconnaissant d'une manière anxieuse et extravagante, comme un enfant trouvé.

Je lève la tête et aperçois mon couple de colverts sur le lac. J'attrape les jumelles et m'apprête à sortir les reluquer de pas trop près. Pour finir avec Giono — même si jamais je n'en finirai avec lui, ni avec les autres — je recopie ici — quelle joie délicieusement coupable d'écrire facilement vingt phrases qui sont d'un autre, irréprochables et qui ne vous coûtent rien ! — une courte anecdote d'écrivain à la merveilleuse tête fêlée. Giono confie naïvement à Jean Amrouche :

« Autre chose : si je fais, à ce moment-là, une promenade en emportant soigneusement dans ma poche un crayon et du papier, c'est foutu. Je me promènerai sans avoir envie de marquer une seule note, et le personnage restera réticent… Alors, je sors sans papier. Sans aucun papier, à ce moment-là, les choses viennent. Et comme je sais qu'il faut les marquer pour qu'elles ne m'échappent pas, j'ai un cahier de papier à cigarettes, moi qui suis fumeur de pipe. Ça, mon personnage ne s'est pas encore aperçu de cette malice… J'allume une allumette, je l'essuie avec mes doigts, et il reste une espèce de petit charbon, et avec ça, j'écris sur mon papier à cigarettes : mon personnage ne s'est pas encore aperçu, peut-être va-t-il s'en apercevoir maintenant que j'en parle… »

Ah oui ? Le personnage n'a rien vu, j'en mettrais ma main au feu ! Et je sors, en n'emportant pas même une allumette brûlée. C'est que je n'ai pas de personnage qui me travaille en ce moment. Du moins, pas que je sache. Je suis en repos de personnages, ou plutôt ce sont eux qui se reposent de moi. Ils savent bien que, quand je les attrape, je ne les lâche plus et leur prends tout, comme ce puceron d'eau géant, dont parle Annie Dillard, qu'elle a vu sucer et avaler lentement la grenouille sur laquelle il s'était perché. « That one bite is the only bite it ever takes. »

Ça fait peut-être rien qu'une bouchée, mais quelle bouchée !

* * *

J'ai écrit, la nuit dernière, une histoire fabuleuse, limpide, extraordinairement rassasiante, irréprochable, parfaite. L'ennui, c'est que je ne me souviens absolument pas de quoi ça parlait. Je me suis réveillé brusquement, juste au moment où j'ébouriffais joyeusement la belle brassée de pages écrites, orgueilleusement déployées en éventail dans mes mains, le cœur bondissant à l'idée de la tête éberluée que ferait mon éditeur quand il recevrait ce chef-d'œuvre inespéré. La lumineuse illusion était si puissante, si « vraisemblable » qu'elle m'a suivi jusqu'à ce que je sois quasiment habillé, et debout devant la fenêtre, où le soleil bouillonnait comme de l'eau de chute. Là, j'ai su, j'ai compris, je me suis encore une fois incliné, pauvre pécheur, Perrette disant adieu à veau, vache, cochon, couvée, son pot au lait écrasé à ses pieds. Combien d'immortels grands romans n'ai-je pas ainsi composés en dormant ? De quoi faire rougir Pasternak, blêmir García Márquez, s'étouffer Giono dans la boucane de sa pipe. Légendaires et admirables ouvrages fantomatiques dont il ne reste rien, à l'aube, sauf, peut-être, le soupçon, qui va sans cesse grandissant, que l'arrogance et la forfanterie ne me feront jamais rien écrire d'autre que ces palimpsestes nuiteux, aussitôt mangés par le frétillant, l'implacable soleil du matin.

Tout de même, cette histoire, j'aimerais bien la connaître, la reconnaître. Je me souviens qu'elle était faite d'un mélange parfait de *sound and fury*, et sans doute, comme achève Shakespeare, qui va toujours jusqu'au bout de l'aphorisme ravageur, *signifying nothing. A tale told by an idiot*, voilà souvent ce que je pense de mes histoires, un coup qu'elles sont achevées, indélébiles, « inoubliables ». J'aime écrire, mais non pas avoir écrit. Tracer des mots, c'est un ouvrage du présent, éternel, innocent et joyeusement aiguillonné par l'espérance, qui est toujours au commencement de tout, qu'on soit du côté de Jésus ou de Sisyphe. C'est dans la phrase qui vient que resplendit le pot aux roses — ou le pot au lait —, et nulle part ailleurs. « Le plan, la carte et la belle aventure », comme dit Vigneault, ils sont là, tout de suite, quand le crayon — ou le clavier, mais pas pour moi ! — travaille pour ainsi dire tout seul, ou bien ils ne sont pas, tout simplement. Dillard écrit : « Spend it all, shoot it, play it, lose it, right away every time. Do not hoard what seems good for a later place in the book, or for another book. Give it, give it all, give it now. The impulse to save something good for a better place later is the signal to spend it now. Something more will arise for later, something better. These things fill from behind, from beneath, like well water. Anything you do not give freely and abundantly becomes lost to you. Similarly, the impulse to keep to yourself what you have learned is not only shameful, it is destructive. You open your safe and find ashes. »

Vas-y, laisse tout aller, amuse-toi à donner tout ce qui te vient, tout de suite ! Ne garde rien en réserve pour plus tard, ou pour un prochain livre. Donne tout, sur-le-champ ! Tu as envie de stocker tel passage, pour le mettre plus loin dans le livre ? C'est signe que tu dois tout de suite l'écrire ! Il te viendra mieux et plus tard, plus fort. L'eau qui emplit ce puits-là remonte de très loin, et elle est inépuisable. Ce que tu ne laisses pas aller librement et généreusement est complètement perdu. Le désir de garder pour soi n'est pas seulement déshonorant, il est destructeur : un jour, tu ouvres ton coffre-fort et découvres qu'il ne contient plus que des cendres.

J'aime ces phrases âpres et vigoureuses, intimantes, et qui sonnent comme la locution rigoureuse et imparable d'un ordre ou d'un décret. C'est comme ça qu'il faut me parler, à moi, tout particulièrement les matins où je débarque du lit avec un chef-d'œuvre inoubliable et oublié, sombré avec mon cœur au fond de ma poitrine.

« The page is jealous and tyrannical. The page always wins. » Et heureusement ! Sans ça, j'en connais qui « monteraient en orgueil », comme on dit des plants de tomates ou de rhubarbe qui tigent trop vite, qu'on ne repique à temps, et qui donneront des fruits allongés, amers et maigrelets, parce qu'ils ont fait des feuilles mais pas de racines.

* * *

Je rentre de ma promenade, les joues barbouillées de larmes à demi gelées, les mains engourdies de froid et le chandail constellé de *crakias*, ces petites boules épineuses et collantes, fruits ingrats de la grande bardane que, par tendresse pour les chardonnerets qui se délectent de leurs graines, nous endurons à contrecœur en bordure des champs. Je rapporte trois trouvailles, deux au creux de mes gants tout raides et l'autre, déjà nichée dans mon souvenir, immatérielle, celle-là, et assez surprenante. La première, celle que je lance, en entrant, sur le plancher, comme un petit caillou mou, c'est une taupe congelée, avec laquelle je pensais faire plaisir à la chatte, qui ne l'a même pas lorgnée ni reniflée, et m'a dévisagé, moi, à la place, avec de gros boutons couleur émeraude et remplis du plus tranquille dédain qui soit. J'ai ouvert grande la porte, ramassé la taupe pétrifiée par la queue et, avant de faire avec mon bras le moulinet destiné à catapulter la bestiole dans les mûriers, où les corneilles, moins fines bouches par les temps froids qui courent, en feront leur affaire, j'ai un petit coup de compassion devant les minuscules dents qui dépassent de la gueule entrouverte et les infimes yeux en pépins de pomme, noirs, glacés, cerclés d'une paupière de velours gris, où la mort se voit tout de suite, impitoyable, sûre et définitive, à serrer le cœur. La mort, finir, s'anéantir et pour aller où ? La chatte me dévisage toujours, le cou cassé, les yeux ronds. On dirait qu'elle sait très précisément, trop précisément à mon goût — je suis susceptible et ombrageux, souvent, avec les chats, qui semblent traîtreusement en comprendre trop — à quoi je pense, même furtivement. Je ne pense jamais à la mort autrement que furtivement, ce dont elle a l'air de se contenter, ce qui la flatte, sans doute, et peut-être même la fait rire, puisque jamais, elle le sait bien, je ne serai assez véloce pour elle. Furtivement mais coutumièrement, je pense à elle. Les jours dépouillés de tout, du moindre élan, de l'espérance nécessaire, ça peut aller jusqu'à dix-huit à vingt fois entre le lever et le coucher du soleil, qu'il soit visible ou non. Mais toujours à la dérobée, comme si j'étais tout à coup frôlé par la manche de son effrayant manteau. Alors je frissonne, me secoue, regarde autour de moi, où tout me semble figé par son passage, où les choses paraissent attendre encore un peu, avec moi, pour voir. Et puis ça repart, le marteau à débusquer au fond de la boîte à outils, la phrase à finir, la conversation à poursuivre, ou bien la senteur des cailles qui cuisent sur le poêle. Si le monde reste arrêté trop longtemps, si dure un peu trop à ma guise l'ensorcellement, cette espèce de soupçon qui peut parfois me venir que rien ni personne n'est là, ni moi non plus, alors je passe la porte et vais m'enfoncer dans le bois, où tout vit et remue tout le temps.

Bon, la deuxième trouvaille est une galette de lichens que j'ai arrachée, en passant, à une vieille poutre pourrie, derrière la grange. Mon gros livre me dit qu'il s'agit de la « cladonie à petite crête ». (Vas-y, Jean-Jacques Rousseau, décris-la-nous !) Les tiges sont sèches, rabougries et vert-de-gris, et les petites crêtes sont vermillon, on dirait des gouttes de peinture à l'huile éclaboussées par un pinceau, lumineuses, vibrantes. De loin, je les ai aperçues facilement au travers des tiges sèches et pâles de l'asclépiade et de la salsepareille. J'ai posé la petite motte sur une feuille blanche où elle éclaire, me tient compagnie, fleurit mon capharnaüm. Au bout d'un moment, je ne peux plus résister, je l'attrape et la froisse, l'émiette, fourre le nez dans la poudre grise et rouge, tire la langue pour goûter. (Le jour d'hiver où ma mère m'a découvert, les deux babines collées à la broche de clôture derrière chez nous, elle a crié à ma tante, qui sortait « aux commissions » : « Y'est ben puni, là, hein, c't'enfant-là, qu'y faut toujours qui goûte à toute ! ») Mais ça n'a aucun goût, sinon celui du carton moisi. Et maintenant, il y a mille miettes étoilées sur ma page. Je souffle dessus — je balaierai tout à l'heure, je balaie le plancher deux fois par jour, avec toutes les découvertes friables que je rentre à tout bout de champ ! — et allonge tout de suite les mots pour décrire la troisième trouvaille. Il s'agit du chien du deuxième voisin, qui jappait après la boîte aux lettres, devant chez lui. Il ne m'a pas seulement vu m'approcher, sur le chemin, tant il y allait, aboyant et grognant, les oreilles dressées, la queue gigotante, sa fourrure blanc sale toute bouleversée, secouée de frissons, comme si un mulot était pris dans son poil. Je suis resté planté là, à me demander quelles mauvaises nouvelles pouvait bien contenir la fameuse boîte aux lettres. Un peu plus et je me mettais à grogner à mon tour, fâché encore de ce que le facteur a déposé, ce matin, dans la nôtre, de boîte aux lettres, et qui me forcera à rentrer en ville plus tôt que je ne voudrais, quand j'ai entendu tinter la tôle. Je lâchai un petit rire fou et enfin le chien m'aperçut. Sans dessein, je pensai : « Et si la méchante facture était sortie de son enveloppe et tambourinait contre la paroi de la boîte — de joie, me disais-je, encore incrédule mais plus tellement, de cette joie féroce et hâtive que semblent toujours manifester les mauvaises nouvelles à nous arriver ? » J'approchai. Ça remuait là-dedans, pas de doute, et même ça couinait. J'avançai la tête et m'apprêtais à soulever la petite porte quand, dans un bruissement leste et tourbillonnant, les ailes désordonnées comme au milieu d'une chute, un merle fonça sur ma casquette, qu'il me ramena sur le derrière de la tête, avant de s'élever en piaillant au-dessus de nous. Le chien le suivit, le museau en l'air. On aurait dit qu'il s'essayait à voler, lui aussi : ses pattes touchaient à peine, délicatement, la terre du chemin. J'ouvris d'un coup sec la porte de la boîte aux lettres, où le nid commencé prenait tout le fond, grossièrement tressé de fines branches de saules et de bouts secs et tournicotés de vrilles de vigne (la nôtre probablement). Le chien a jappé encore longtemps, enfoncé dans le bois. Et moi, j'ai ri un peu, au bord du chemin. Pas de nouvelles, bonnes nouvelles !

 John Steinbeck se laisse aller à écrire, dans *Journal of a novel (The East of Eden letters)* : « The death wish is not so strong as it used to be, and maybe some time it will disappear entirely. Or maybe this is too much to hope for. » Et, un peu plus loin : « Having little will to be alive, I have also very little personal ego — some vanity but little ego. The two oldest and strongest children of ego are domination and possessiveness, and I have very little of either of these. »

Le goût de la mort est à présent moins redoutable qu'autrefois. Peut-être, un jour, s'en ira-t-il tout à fait ? Ou est-ce trop demander ?

Comme je ne possède pas un désir forcené de vivre, je ne possède pas non plus un ego très fort. De la vanité, sans doute, mais un tout petit ego. Quant au désir de dominer et au besoin de posséder, les deux plus robustes rejetons du monstre ego, j'en trouve très peu de traces chez moi.

Mettons que je pourrais en écrire autant.

Je rentre en sifflotant, heureux d'avoir à écrire tout ça, dans le halo doux de la lampe.

* * *

La mort, mon *Petit Aigle* en est plein. Je luttais alors avec elle, pouce par pouce, dans une sorte de bataille rangée. Voilà pourquoi, sans doute, le roman a des allures de testament. Pas si funeste que ça, cependant, car je découvrais, à mesure que le destin d'Aubert se déployait, spiralien, grandissant toujours — une espèce de vie en soufflet d'accordéon qu'on ne peut plus s'arrêter de jouer —, je découvrais qu'on ne meurt pas. Que personne n'était mort, pour moi, ni ne mourrait. On ne s'en va pas comme ça, voyons donc ! Papa n'est jamais vraiment parti. Pas un jour sans que je converse avec lui, comme maman le fait aussi, tranquillement. Je lui prends sa sagesse, un peu plus encore de son ardente tendresse pour les choses. Je me laisse, avec une joie étrange, inexplicable, instruire par lui, toujours, continûment. « Strange how the strangeness is », écrit encore Steinbeck, et je n'irai pas plus loin que lui, ici. À tâcher de les éclaircir, ces choses-là peuvent se perdre.

Aubert ne meurt pas non plus. J'ai bien essayé de le tuer — je croyais qu'il le fallait, comme tout bon auteur tyran, convaincu de son haut devoir — mais je n'y suis pas arrivé. Sa fausse mort, artificielle, invraisemblable, m'a fait rire, comme l'écroulement grand-guignolesque des chanteurs d'opéra, qui expirent, bien droits, et sans fausser une seule note. Les anges l'ont emporté vivant, et vivant il est encore. On ne meurt pas.

Comme avec papa — j'avais un étrange contentement à rester près de lui, quand il était bien malade —, j'ai aimé souffrir avec Steinbeck, qui tâche d'écrire son grand livre, *The Grapes of Wrath*. Dans *Working days* (*The Journals of Grapes of Wrath*) il écrit, à répétition : « My life isn't very long and I must get one good book written before it ends. » — « This must be done ! » — « Must get no fatal feelings about it ! » — « This is my life. Why should I want to finish my own life ? » — « It's stopping work that does the damage. » — « The work itself has rested me. » — « This is a hell of a time to be writing a book. Everything in the world is happening and I must sit here and write. » — « I'll get it done but it scares me to be late. » — « This book I'm working on is just a book like any other. Let's work on it and not get wild. » — « Every book seems the struggle of a whole life. And then, when it's done — pouf. Never happened. » — « I won't be glad when it is done so why try to hurry it done ? » — « Movement fast but the details slow as always » — « This book has to be written. It should be good. I think it is my book. Maybe these people who say that I should never deal with thinking subjects are correct. I don't know... I think I'll leave this book now. »

> *Déjà que la vie est courte, si je pouvais écrire un bon livre avant de crever ! — Il faut que j'y arrive ! — Surtout ne pas me laisser décourager ! — Écrire, c'est ma vie. Je ne vais quand même pas me presser d'en finir avec elle ! — Quand je m'arrête d'écrire, c'est la catastrophe !*

— Le fait de travailler m'a reposé. — Tu parles d'une époque pour écrire un livre ! Le monde entier est en grand chambardement et moi, je dois demeurer assis ici et écrire. — Je vais y arriver, mais tout le retard que j'ai pris m'épouvante. — Ce sera un livre pareil à tant d'autres. Travaille : tout simplement, sans virer fou. — À chaque livre, c'est la croix et la bannière. Et puis, on l'achève et c'est comme si rien n'était arrivé. — Je sais que je ne serai pas satisfait du travail accompli, alors à quoi bon me presser ? — Le rythme est bon, mais oh ! comme chaque moment vient lentement ! — Il faut que j'en vienne à bout ! Il me semble que le livre est bon. Mais peut-être que ceux qui prétendent que je ne devrais pas m'attaquer à des sujets profonds ont raison. Je ne sais pas. Bon, je crois qu'il est temps de lâcher prise maintenant, c'est fini.

Les Raisins de la colère, prix Pulitzer 1940, pierre angulaire du prix Nobel pour Steinbeck, en 1962. Quatorze millions d'exemplaires vendus depuis sa publication.

« In writing, habit seems to be a much stronger force than either willpower or inspiration. »

Pour l'écrivain, le pouvoir de l'habitude est bien plus fort que celui de la volonté, ou que l'inspiration elle-même.

* * *

Je me disais bien aussi qu'elle rôdait, la mort, et me taraudait le crayon : je viens d'apprendre que ma vieille amie de fraîche date, Françoise Loranger, vient de partir. Oh, elle n'a pas dû aller bien loin, j'en suis sûr. Elle me l'avait dit, qu'elle s'absenterait, la semaine dernière, au téléphone. Elle avait un tout petit filet de voix, comme un sifflement de fauvette, mais clair et plein de chaleur encore. Elle venait de finir de lire mon *Aigle*. Ça lui a pris tout l'hiver, avec sa loupe, mot à mot. Elle m'a dit : « Vous avez fait un grand livre et vous le savez, j'imagine. » Alors je lui ai dit : « C'est votre loupe qui le fait paraître grand, Françoise. »

À la fin de *La Dame de cent ans* (c'est elle, c'est Françoise, cette très jeune dame de cent ans), elle écrit, à propos de la mort : « À partir du moment où l'on cesse d'inventer le monde, être mort ou vivant, c'est presque la même chose... »

Françoise m'avait dit, l'œil tendrement malicieux, un jour que je malmenais devant elle un de mes écrits, que je trouvais boiteux : « Robert, méfiez-vous de la modestie, elle est presque toujours fausse ! »...

* * *

Ce matin, la mince couche de glace, sur le lac, est mouillée et luisante comme un parquet frais ciré. Le ciel y promène ses nuages à l'envers, qui sont déjà de gros cumulus d'été, tout troués de bleu pur. Je prends le vent, endurable aujourd'hui, dans la grosse chaise de bois bâtie par mon beau-père, et qui semble prête à durer au moins quatre-vingt-huit ans, comme lui, et sera peut-être centenaire, comme il entend bien le devenir. (« Si vous continuez à travailler et à vous tracasser comme vous le faites, vous serez pas là pour mon centième ! ») Je lis Heinrich, à petites bouchées rassasiantes, comme des pincées de noix, pour tromper ma faim de savoir et mon désir d'émerveillement. Il dit, à propos des montagnes du Maine : « They erode rapidly at about two inches per thousand years. » Il dit qu'il n'y a pas si longtemps (deux cents millions d'années !) ce morceau d'Afrique, qu'on appelle aujourd'hui le Maroc, voisinait la Nouvelle-Angleterre, et que nous nous trouvions alors mille miles plus au sud. Il écrit : « The last glaciers have left so recently that the land is like a house that has just been abandoned, whose tenants have not yet rearranged the furniture. » Il raconte que la fonte est si récente que la croûte terrestre ne s'est pas encore redressée, creusée qu'elle est par leurs

Les derniers grands glaciers viennent tout juste de partir et la terre ressemble à une maison abandonnée, dont les nouveaux locataires n'ont pas encore eu le temps d'agencer autrement les vieux meubles.

masses gigantesques. « The forest now clothing these hills is young. » Jeune, la Terre, le monde est neuf, et certains chantent déjà sa fin. Bien sûr, si on ne regarde que soi, sa petite histoire, la tragédie du bonheur personnel (plutôt rétif à tout contentement), on n'en mène pas large. La fin du monde est toujours proche quand on s'ennuie et qu'on n'imagine plus rien, ne voit plus rien, que la télévision, « and miss the show », comme l'écrit Annie Dillard. « Why does death so catch us by surprise, and why love? We still and always want waking. We should amass half dressed in long lines like tribesmen and shake gourds at each other, to wake up. Instead we watch television and miss the show. »

> *Pourquoi faut-il que la mort nous prenne par surprise, et l'amour aussi? N'avons-nous pas sans cesse le désir de venir au monde? Nous devrions nous rassembler, à demi nus, en longues files, comme les membres d'une tribu primitive, et secouer nos calebasses aux oreilles les uns des autres, afin de nous réveiller. Au lieu de cela, nous regardons la télévision et manquons le spectacle.*

Deux tourterelles sont couchées sur le gravier de l'allée, elles savourent un répit, prennent doucement le frais soleil. Je ne suis pas mieux que les autres, comme de raison. J'ai quelque chose du héros qui vénère la mort, moi aussi, et parfois ne vois rien que le sang que j'ai dans les yeux et qui me brûle. Mais je change, ou peut-être, simplement, je vieillis. Giono dit : « Il y a peut-être un héroïsme qui permet précisément de lutter sans mourir. » C'est ça : lutter sans mourir, c'est-à-dire se mettre à croire qu'on peut faire mieux en restant là qu'en s'en allant. Pas plus et pas moins que ça, et puis ensuite on « verra », peut-être, enfin.

Le chien jappe et les tourterelles décollent dans un froufrou et des gloussements de colombes de cirque effrayées par le tigre. Le vent me gèle la main et le crayon est pataud entre mes doigts, peut-être comme l'éclat de silex entre les pinces poilues de l'écrivain préhistorique. Et je reviens à Heinrich et aux glaciers, à l'éclatante jeunesse de la Terre : « As I look across the landscape and see mountains rising out of the earth, being eroded again to leave plains, and then rising again while the continents drift about, the only permanence I see is in life itself. »

> *Mon œil parcourt le paysage, détaille les montagnes, tout juste jaillies de la terre, aussitôt rongées et transformées en plaines et puis surgissant de nouveau pendant que les continents dérivent. Et je n'aperçois que la vie d'immuable parmi tout ça.*

* * *

Nous rentrons de la ville et apercevons, en roulant sur le chemin de terre, la virevolte fulgurante et tempétueuse d'un grand oiseau de proie. Nous modérons et je reconnais, à son piqué, avec les ailes relevées comme celles des anciens avions de chasse, le busard Saint-Martin en battue. Il est sans gêne, à ce temps-ci de l'année, absolument recueilli sur ses proies, concentré, libre et ravageur, magnifique à voir aller. Nous arrêtons la voiture en bordure du champ pour le regarder travailler.

D'abord, on dirait qu'il nous fonce dessus, kamikaze écervelé. Mais je sais qu'il ne nous voit pas, ou plutôt que ce tas de ferraille à quatre roues, avec ses deux occupants pétrifiés, ne représente pas la moindre menace pour lui. La faim le tenaille et aussi, peut-être, la violence et la beauté incoercibles de ses envols, de ses essors, de ses plongeons, sa puissance, sa désinvolture, son impunité retrouvées, déliées, affranchies de la fatigue et de l'engourdissement de l'hiver. Le voilà qui remonte, comme entraîné par un bon coup de vent, et pique vers les hauteurs du ciel, où l'on perd subitement son vol, blanc sur blanc.

Au bout d'un moment, on le voit redescendre, en bombardier qui va s'écraser, les ailes tirées en arrière. Il saute dans le champ, s'élève à nouveau, replonge, mène tout un tapage muet, très industrieux, dans les herbes. Puis il s'élève à nouveau et disparaît vers les arbres, au fond du champ. On ne peut pas voir encore à quoi il veut en venir. Apparemment son sabbat est fini et il regagne son aire. Au bout d'un moment, on aperçoit une petite nuée désordonnée de passereaux pépiants qui sortent en catastrophe des herbes et filent en débandade vers l'orée du bois. Je sais que vingt ou trente mulots en font autant, à ras de terre, épouvantés par le chahut du chasseur. Ils fuient, alarmés, la détresse au ventre, leur petit cœur dans leur bouche. Ils croient s'échapper, veulent vite gagner la forêt, pour se mettre à l'abri. C'est alors qu'on distingue notre tueur. En rase-mottes, il apparaît et disparaît, glisse entre les premiers arbres, ceux en bordure du champ, agile comme le vent, et finalement pique, les ailes comme une guenille en lambeaux, dans la bourrasque. Tout de suite, on le voit s'élever, tranquillement, alourdi par ce quelque chose de noir et de tourmenté attrapé dans ses serres (un campagnol, une musaraigne, une taupe ?). Il file entre les arbres et on le perd dans le touffu du bois. Le carnage est achevé et le champ est complètement vide, endeuillé. Le vent promène les herbes, qui chantent tristement. Et puis ça recommence à bouger. Les petits oiseaux reviennent vers les nids. Le massacre est aussitôt oublié, jusqu'à la prochaine fois.

En rentrant je cherche, avec l'avidité, quasiment, du busard en chasse, une phrase de Danièle Sallenave, qui dit bien ce que je viens de voir et désire déjà raconter. Je la trouve, la relis, et suis comme étourdi. C'est qu'elle signifie plus encore, aujourd'hui, pour moi, contient plus d'exactitude, chante avec plus de justesse le nécessaire engrangement des choses aperçues, avec l'aide des mots. « Toute chose racontée était une chose sauvée, offrant en pleine lumière les mystérieuses colonnes sur lesquelles elle repose. Et, arrachée au temps qui dégrade pour accéder au temps qui sauve, la vie de tout homme, méprisable ou futile, ou simplement ordinaire, s'offrait à la plénitude du sens exposé, et le scandale de la mort elle-même pouvait être l'objet d'une contemplation apaisée. »

Elle ne dit pas « la vie de tout oiseau, de tout mulot », mais c'est pareil. Bien sûr, ce matin, c'est « le scandale de la mort elle-même pouvait être l'objet d'une contemplation apaisée » qui me chavire. L'apparente cruauté du busard, la belle violence de sa tuerie dans l'herbe, notre attention épouvantée et révérencieuse tout de même, dans la voiture…

* * *

Le lac est libre, plus la moindre petite plaque de glace, et les deux colverts y nagent, côte à côte. Ils glissent, se séparent, se retrouvent, entrent ensemble dans les roseaux, et alors je les perds, mais les entends fourrager, trifouiller, claquer du bec.

Je suis embusqué, derrière le philadelphus, deux feuilles blanches, un crayon et le livre de Sallenave à ma gauche, sur l'herbe, et à ma droite, le fusil. Je dois tuer le rat musqué qui nous déchiquette tout le bord du lac et bouffe les rhizomes des nénuphars. Je n'ai pas du tout envie de lâcher des plombs dans sa belle fourrure lustrée, de le voir caler, blessé à mort, filer dans son trou pour une agonie immiséricordieuse, pour parler comme Jean-Jacques Rousseau. Mais il le faut. Je n'ai pas tiré du fusil depuis des années. Depuis le jour, en fait, où je me suis trouvé devant un chevreuil, à belle portée, les jambes molles et le cœur dans la bouche. J'ai dit aux autres, à papa surtout — qui ne m'a pas cru —, que je n'avais rien vu et ç'a été fini. Je n'ai plus jamais pu, plus jamais voulu.

Il sait peut-être que je suis là et ne se montrera pas de sitôt. Je l'ai aperçu, tout à l'heure, du moins sa tête noire et luisante, suivie d'un long sillon en V, sur l'eau. C'est une belle bête, mais je me répète qu'il est rat, tout musqué soit-il, et qu'il ravage et entraîne le chien à saccager aussi, si bien que notre grève a l'air d'une fosse. Et si j'effraie les canards, avec mes deux coups fracassants ? Ils ne reviendront peut-être plus et on aura perdu plus qu'on aura gagné. Il me faut donc attendre que le rat se montre et que les canards soient partis. À moins que je tape des mains ou lâche un cri qui les ferait s'envoler avant d'épauler le fusil ? Mais à ce compte-là, le musqué aura plongé et j'en serai quitte pour cribler l'entre-deux-eaux de mes plombs insignifiants. Dilemme sans dessein qui me fait mi sourire mi rager. Je décide que je fais comme je fais presque tout le temps : je laisse porter. On verra bien. Ou on ne verra rien du tout, ce qui est plus vraisemblable.

J'ouvre *Le Don des morts* (soit dit entre nous, ce livre si tonique, si remontant pour qui aime les mots, croit en eux et doute parfois de leur fragile pouvoir, méritait un titre plus resplendissant. Encore que, oui, c'est vrai, les livres sont ce « don que nous font les morts » pour nous aider à vivre, mais enfin, certains de ces morts sont vivants !) et je laisse le vent ébouriffer les pages. Les canards sortent des herbes et nagent vers moi. (Reste dans ton trou, rat, attends comme moi, avec moi !) Je plaque une main sur une page, que je lisse de la paume et tache d'herbe, et je lis : « Il s'agit de s'adjoindre les livres non pour changer de vie, mais pour changer la vie. Tout le reste masque la douleur de la vie ordinaire : seuls les livres la métamorphosent. » Même jeu, je laisse le vent choisir pour moi (les canards filent doucement vers le large, le rat me « sent », j'en suis sûr, et ne bouge pas, roulé en boule dans son terrier), et je lis : « Ils avaient les murs, l'herbe, le temps, la nuit silencieuse, la grande absence de tout sous la vaste coupole du ciel, l'odeur de la rivière et l'ondulation des coteaux sous le soleil : ils ne savaient pas. Ils rentraient, fermant sur eux la porte et sur leurs querelles et sur leur inapaisement, la plupart n'étaient pas encore nés et se débattaient déjà pour ne pas mourir. » Elle parle des siens, de sa province natale, qu'elle a fuie, de ceux et celles qui ne lisent pas, dont la vie n'est *pas* « transfigurée, rachetée » par les livres. Dans la marge, lors de ma première lecture, j'avais écrit : « les miens, Oka, l'isolement, la beauté, le secret ». Nous avons, ici, Sallenave et moi, les mêmes souvenirs et la même nécessaire passion, née très tôt, celle des livres amis, des livres sauveurs, des livres qui foudroient tendrement. J'ai treize ans, je suis assis sur la galerie de la maison familiale, et je lis *Noces* de Camus. Je ne comprends à peu près rien, comme de raison, mais je me sens inexplicablement sauvé, me sais réchappé, je suis pris d'un très vague et très douloureux espoir. Ou bien, j'ai seize ans, et je lis *À l'est d'Eden,* de Steinbeck, dans l'autobus qui me mène à ce travail de vacances qui m'abrutit et m'étouffe, et je souffle, avale l'air et le soleil qui entrent par la fenêtre ouverte — on pouvait encore ouvrir les fenêtres des autobus, dans ce temps-là ! — avec une reconnaissance, un désir, une attente effrayante ! Aussi quand Danièle Sallenave écrit : « Lire, c'est d'abord s'arracher à soi-même, et à son monde... Si c'est une fuite, c'est celle du prisonnier qui s'échappe de son cachot en fracturant les barreaux », est-ce encore moi que je revois, adolescent encagé, en qui ça a commencé d'exploser, au ralenti, petit être insignifiant mais emporté déjà dans « une universalité sans limites », loin de cet « empêchement généralisé », dont les autres ont tristement l'air de s'arranger, comme on survit à un deuil ou à un exil.

Les livres que j'ai lus — les bons, les donneurs de fièvre, les arracheurs, les bousculants, les essoufflants — m'ont bien davantage (bien mieux et bien plus souvent) sauvé que ceux que j'ai écrits. Mes livres à moi sont des histoires de désir, de colère, d'embusquement et de battues, des histoires de belle vengeance, pas froide du tout, pour lesquelles il m'a fallu beaucoup de folie, de misère, d'acharnement et d'abandon, c'est bien entendu. Mais, aussi, je m'arrachais ça à pleines mains et ne voyais, et ne vois toujours pas très bien, ce que je faisais. Tandis que les livres des autres posent sur moi une lumière, une paix, bruyante, ensorcelée. Dans les livres des autres, tout est rassemblé, réconcilié, unifié, disponible : le passé, les saisons, l'amour, la mort, le monde vaste, les hommes, la vérité, les actions, les voix, la certitude d'un accomplissement possible. Ce « quelque chose de farouche, d'unique et de solitaire » dont je n'ai jamais perdu, comme Danièle Sallenave, le désir, et qui me pousse à en ouvrir un et puis un autre, « dans la lenteur du monde visible », de ces livres qui m'arrachent à moi-même, et à l'épouvantable tentation de croire l'univers achevé et mon petit destin définitivement assimilé à ce « loisir distingué », que semble réclamer la vie d'aujourd'hui, ce recours aux livres, s'il m'enlève au monde, c'est, comme le dit encore Sallenave, pour « m'assurer une prise sur le monde ». *And that's all folks*, comme dirait Ducharme, s'il voyait, comme moi, sortir le rat musqué de son trou. Aurait-il le cœur, lui, de tirer à bout portant, notre Réjean-l'écorché-vif, qui est, depuis toujours et à tout jamais, embusqué ?

J'épaule, j'arme et j'attends, un peu trop : il a plongé. Demain, demain j'aurai le courage. Et puis, je laisserai Danièle Sallenave sur la table de la cuisine, avec les autres. Je l'aurai à l'œil, le viserai, ne le manquerai pas.

Le vent mord à nouveau. Je vais rentrer. Il y a des traces d'herbe et des petits pâtés de terre sur mes deux pages remplies de signes fous, d'emportement, de simagrées.

Elle écrit encore, la dame : « Émancipez, libérez ; donnez à chacun la possibilité de réaliser l'accomplissement pour lequel il est né ; divertissez-le : vous ne l'aurez jamais achevé, ce travail d'humanisation de l'homme, tant que vous n'y aurez pas ajouté la dimension de la poésie, qui touche au mystère du monde. »

— Y'en a qui parlent pas pour rien dire, hein ?

— Quelques-uns, cher chasseur ne sachant pas chasser, quelques-uns !

Le chien jappe. Quand je me parle fort, tout d'un coup, en perchant ma voix, et que je fais comme si j'étais deux, mon chien n'est plus sûr que je suis moi. Je l'attrape par le cou et le laisse me lécher longtemps la face, de sa longue et rose et rêche langue mouillée. Il me retrouve, me reconnaît. Mais ses yeux restent chagrins : c'est qu'il est déçu, bien plus que moi, qu'on l'ait laissé filer, le musqué de rat !

* * *

Longue marche à la fin du jour, sur le chemin de terre, avec le chien tout excité, alors que je suis, moi, tout démonté par une fatigue qui me vient de je ne sais où, peut-être de mes deux jours en ville, deux jours de vie arrêtée, de discutailleries, de parlotes, de tracasseries qui rongent. J'allonge un pas lourd et engourdi de convalescent et, comme j'en ai pris l'habitude depuis que je la connais, surtout quand je me sens abîmé et seul, je songe à Flannery O'Connor et à son mal, à sa fatigue pour ainsi dire incessante et aux phrases ironiques et délicates qu'elle a su faire pour exorciser sa douleur. Je les connais par cœur, et elles conjurent mon petit mien de mal, cette espèce d'accablement qui suit mes tentatives sans allure de faire des prodiges, d'aller plus vite que le violon, de me montrer meilleur ou pire que je suis, de tracasser l'impossible. Par exemple, pour vaincre le désenchantement qui reste un moment avec moi, après une entrevue à la radio ou à la télévision, où je me suis, contre tout bon sens, laissé entraîner à dire des inepties, ou pire encore, je répète, après Flannery : « Je ne cesse d'imaginer les millions d'enfants qui, dans tout le pays, fixeront mon regard pétrifié, en attendant qu'on leur diffuse *Batman*. » Ou bien, si je me laisse aller à « éclairer » un camarade, qui patauge dans des approximations qui le découragent, je me rappelle : « Quiconque prétend conseiller quelqu'un devrait passer quarante jours dans le désert, avant et après avoir pris ce risque. » Ou encore, quand je souffre de ces élancements de famille, qui sont parfois tuants, ou bien d'une torpeur de faiseur de chefs-d'œuvre, entravé par les déchaînements soudains du ciel ou de l'enfer, je redis, avec elle : « Je viens d'une famille qui considère que la seule émotion digne d'être manifestée est l'irritation. Chez certains elle provoque de l'urticaire, chez d'autres une vocation littéraire. Chez moi, les deux. » Et, généralement, je ris, ou je souris, tout au moins je grimace, et ça change le mal de place.

  Le chien s'arrête au pied d'un tremble et fouille du museau le terreau, la mousse, les racines, la tête enfouie jusqu'aux oreilles sous les vieilles feuilles, qui bruissent comme mes pages, quand je les tripote, les mets en éventail, les brasse, fais semblant qu'elles ne sont bonnes qu'à ça, qu'à faire l'éventail qui fait du bruit (sans pourtant réussir à m'inspirer la plus insignifiante humilité, comme de raison). Je vais rejoindre le chien et fouille avec lui. Il sort la tête de son trou et me regarde de travers, comme on dévisage quiconque ne se mêle pas de ses affaires. Je me redresse et alors je suis défatigué d'un coup, je prends soudain haleine, je détèle, les épaules me tombent et mon cœur se tait : là-bas, tout en haut de la côte, le soleil se couche dans les pins. Une grande coulure, du rose-orangé précis de la pêche pas tout à fait mûre encore, barbouille le bas du ciel, entraîne les branches dans un grand remous d'entonnoir, tire ma désolation et l'emmène avec elle. Et pour un long instant, je suis neuf et lavé, prêt à tout, plus surmené de rien.

Je reviens en sifflant. J'en ai vu assez pour attendre la nuit, qu'elle soit pire ou meilleure que la dernière, où j'ai rêvé d'une grande maison, toujours la même, qui est la mienne et que je ne reconnais pas, où je suis perdu comme dans une auberge somptueuse et effrayante — une auberge espagnole !

« Mademoiselle O'Connor, pourquoi votre désaxé (« Les braves gens ne courent pas les rues ») porte-t-il un chapeau noir ?

— La plupart des paysans, en Géorgie, portent des chapeaux noirs.

— Mais, mademoiselle O'Connor, le désaxé représente le Christ, n'est-ce pas ?

— Pas le moins du monde !

— Dans ce cas, quelle signification peut-on donner au chapeau ?

— Je n'en vois qu'une : il sert à couvrir la tête. »

* * *

Est-ce d'avoir frayé en ville, parmi tous ces porteurs d'opinions et de microbes, ou bien est-ce plutôt mon long guet, hier, au bord du lac, découvert d'un fil, alors qu'en avril… Je suis enrhumé, comateux, et c'est aujourd'hui mercredi saint. Légendairement, il fait sombre, comme il se doit. Il est vrai que la Terre n'est pas encore ressuscitée, l'hiver s'attarde, les mangeoires sont pleines de geais et de chardonnerets bariolés — ils sont mi-verts, mi-jaunes, en mue « caca d'oie » — et, dès que vous mettez le pied dehors, le vent vous attrape la peau du cou, comme une dizaine de mains nues et froides qui en veulent à votre pauvre souffle. Mercredi saint. Journées noires, arrêtées, nuages bas, un deuil posé sur le monde, comme ces draps violets qu'on mettait, autrefois, sur les statues de l'église, durant la Semaine sainte. Avoir été un petit catholique, très souvent à genoux, et enfant de chœur par-dessus le marché, vous laisse des souvenirs puissants comme des fables, une mythologie de sous-diacre défroqué, des images ineffaçables de lumières de vitrail, d'encens et du froufrou raide des surplis. *Flectamus genua,* mercredi saint et la tête pleine de ouate, à cause du rhume, me voici, ce matin, triste apôtre prostré devant la roche qui ferme le tombeau. Je n'y resterai pas longtemps, j'irai dehors, je fouillerai et trouverai la vie qui ne s'arrête jamais, je ressusciterai, je ne m'en fais pas trop.

Mon abattement, il va sans dire, a quelque chose à voir avec ces pages, qui s'en vont partout. Je ne fais jamais ce que je veux faire. Il semble qu'il me soit demandé plus d'obéissance que de volition. Ça m'entraîne, me tire, me pousse, et je me crois obligé d'aller là où ça veut aller, quasi aveuglément. Aveuglément, et pourtant ce n'est qu'ainsi que je peux voir. Allez donc comprendre !

« Maybe later you can guess at what they (the words) mean. Right now, you are flying. Right now, your job is to hold your breath. »

<small>Plus tard, peut-être, tu tâcheras de comprendre ce que les mots veulent dire. Pour l'instant, tu voles, et ton unique besogne est de retenir ton souffle.</small>

C'est Annie Dillard qui me parle, me tarabuste encore, et c'est *all perfectly well.* J'irai dehors mais, avant, je veux retrouver un petit bout de texte de Jocelyne François, qui parle de l'éblouissement presque facile du commencement d'un livre, puis de la difficulté de durer dans les phrases. Je m'accroche à dix, vingt passages étincelants, en cherchant. Par exemple :

« Aujourd'hui, quand je dis que je suis une femme archaïque ou rustique, selon les jours, c'est parce que je sais que ce guet en moi demeure, inchangé, et qu'il est la seule raison qui me détourne des fruits mûris hors de nos saisons. » Et encore, et fort à propos : « Temps de Pâques, juste entre l'hiver et le printemps, capricieux et tendre. Quelque chose d'incisif entre en moi, qui me place au cœur des choses réelles et en même temps à une très grande distance d'elles, si bien qu'il me semble les voir autrement, en garder le goût, la fraîcheur, et surtout l'espèce de réaction acide et douce qu'elles ont à mon contact. » Je cherche encore, mais suis déjà si bien attrapé par les phrases autrefois soulignées, que je m'attarde, relis, compare leur saveur d'aujourd'hui à celle d'hier (mai 81, est-il écrit sur la page de garde) et m'éparpille encore, alors que je songeais tout à l'heure à me ramasser. (Rien à faire, je fus, comme disait papa, « vacciné avec une aiguille de gramophone ».) C'est que, parler des autres, fouiller dans leurs livres, les écouter, les entendre, les réentendre, c'est ma seule façon de me taire. Quand on me parle, quand on me parle vraiment, je m'arrête de jaspiner, c'est-à-dire que je parle en sourdine, j'écris, et donc, finalement, ne me tais vraiment jamais. (Maman : « Ah, pour parler, celui-là, y est ben bon ! ») Mais je serai muet, attentif et si j'écris, ce sera tout bas, tout à l'heure, dehors.

Ça y est, je l'ai : « Commencer ne demande pas d'aptitudes particulières mais s'enfoncer dans la durée, se soumettre à son alchimie, l'aimer, en prendre les marques sur le corps, exigent la passion. » Admettez que ça valait la peine ! Et puis, ça dit tellement justement où j'en suis, ce matin, comme tant d'autres matins, passionnément obligé de continuer, de m'enfoncer et d'aimer ma persévérance, envers et malgré tout. « Amen ! », comme dit si souvent Serge, dans mon *Ogre de Grand Remous*. Serge, qui n'aime pas beaucoup les mystifications, « l'orphelin sublime », mais passe tout de même ses nuits « à démêler les fils » de la tragédie familiale. (« What a zoo story, brother ! »)

« The American dreamer », c'est ainsi que le nomme Charles, à un moment. Et, bien sûr, il y a de cet *American dreamer,* en moi — on l'a sûrement déjà vu, déjà compris. (Tiens, le vent, encore, se lève, les mangeoires revolent !) C'est que je commençai sur la terre et fis mes apprentissages dans un fouillis de mots de français, d'anglais, et aussi du parler iroquois — des syllabes, quasiment du charabia, mais tout de même, une chanson mêlée aux autres —, et n'ai jamais complètement élucidé mon baragouin, désambiguisé le mélange. Parce que je l'aime et m'y suis habitué, comme Chamoiseau ou Confiant à leur français créolisé, comme Nabokov à son russe-américain. Et puis j'ai lu, ensuite, toujours dans mon bouillon de langage, pêle-mêle, d'abord à tâtons — aveuglément, comme à mon accoutumée —, puis en reconnaissant les parlers, leurs signes, les mots qui disaient, dans une langue, mieux, ou plus, ou moins que ce qu'ils signifiaient dans l'autre, et sans plus les mêler, mais en les examinant, les confrontant, les savourant, toujours. (« Faut tout le temps qu'y goûte à toute, c't'enfant-là ! ») Et j'ai continué comme ça, et ça dure encore, cette fête bariolée, riche, complexe — les Américains, tiens, disent *intricate,* et c'en est un autre, encore, de ces mots pour lesquels le français n'a que des équivalences chétives — une talle sans fin, comme lorsqu'on va aux framboises et que la talle rouge va jusqu'au bout du champ. Métissage, créolisation, joualisation, bouillie pour poètes, marmelade, compote, ou parfois simplement purée, blanc-manger dans lequel je joue, comme l'enfant tannant, avec ma cuillère. (« Ça va toute dans le même trou ! », disait maman, quand on chignait d'apercevoir le morceau de tarte qu'elle nous servait, barbotant dans la sauce de l'assiette à viande, les jours où elle en avait plein le dos de faire la vaisselle.) Ça va dans le même trou, en effet, une béance qui n'est jamais pleine, jamais rassasiée, la faim du poète. Nourriture composite, drue, riche en toutes sortes de minéraux, parmi lesquels des scories, des cailloux, des grains de sable, bien sûr, mais parfois des joyaux, que j'avale avec le reste, insatisfaisable. Et j'en invente, c'est bien sûr, j'en ajoute encore, je fais mon prolixe, mon grand curieux, mon beau parleur, et j'aime ça, et je vois bien — avec une joie maboule, *buoyant*, irrépressible, que ça n'a pas, n'aura pas de fin.

Mais ça peut « tanner ». Alors, les passages en anglais — qui est une langue que j'aime, écrite, autant qu'elle me tombe sur les nerfs, parlée, où alors abondent, les uns sur les autres, les idiomes simplistes et les locutions primaires — je suis sûr que vous les tolérez, et il y en aura d'autres encore. Je vous aide au passage, comme vous l'avez constaté, supposant, sans doute avec clairvoyance, que vous ne baignez pas dans les mêmes eaux mêlées que moi. Mais vous vous laissez prendre, je le sais, et consentez à tricher avec moi — mais savamment, sciemment, avec la belle précision qui permet de goûter comme il faut à tout, sans confondre les bouquets, bien sûr. Chez nous, je le sais bien, l'anglais est équivoque, amphibole (à vos dictionnaires!), suspect. Son métissage avec notre français, depuis toujours un peu difficultueux, intimidé, si souvent imaginé révocable, menacé d'oubli comme tout ce que nous préservons, à l'huile de langue et de poignet, vaille que vaille, est louche. Mais si on ne mélange pas, ou alors si on sait qu'on mélange, comme disait papa : « Y a pas de soins ! »

Je reviens à Jocelyne François, à son beau livre, *Joue-nous España* — oh, sa veille, loin du corps de l'amante, à la fin : « Si je pouvais t'éveiller à distance, tu saurais que notre vie est commencée. » — que je me décide à refermer, parce qu'il va pleuvoir et que si je ne sors pas de son piège, le livre m'empêchera d'aller dehors avant la tourmente. Mais, qu'est-ce que c'est que ça ? Au dos de la dernière page, je trouve ces mots tracés par moi (5 mai 1981), gribouillage quasiment illisible, et que je déchiffre difficilement (« Ah ! tes maudites lettres écrites en chinois ! », me disait papa) : « J'ai maintenant l'âge qu'ils avaient, quand ils m'ont eu. Trente-trois ans. Maman, sa robe blanche, papa, son pantalon à la taille haute, qui montait jusqu'aux poils de sa poitrine. L'été, leur mariage, Oka, 1945, et j'ai toujours envie de naître, moi qui suis né pourtant, d'eux et d'eux seuls, il y a trente-trois ans… »

Sans doute ai-je commencé de rédiger, pêle-mêle — aveuglément ! —, ma *Belle journée d'avance*, les jours, les semaines qui ont suivi. (Oui, mai 81, ça doit être à peu près ça.) Je me prévoyais, je me sentais venir, j'allais passionnément m'enfoncer dans la durée, « en prendre les marques sur mon corps ». Entre la dernière page et la couverture, je tombe sur une photo de moi et de notre fille. Je suis nu, debout, au bord du lac, et l'enfant, dressée entre mes jambes, ne m'arrive pas encore au haut des cuisses. J'ai les épaules prises dans un nuage d'été, une minceur de taille qui ne me concerne, hélas, plus du tout, les bras en anse de sucrier, bruns et solides, et ma tête est penchée vers l'enfant, qui fixe peut-être une grenouille ou une libellule sur la grève. Celle qui a pris cette photo, et qui m'a vu, trop vite, sans doute, changer, durant ces courtes années qui nous séparent du jour où cette image fut prise, peut-elle encore me voir, les épaules dans les nuages, nu et tranquille — tourmenté-tranquille — en été ? Le plus beau, le plus terrible, c'est que je crois qu'elle dirait oui. Qu'est-ce que le temps, que la mort, que l'espérance, que l'été ?

* * *

Ce matin, je vois, entends et hume, en même temps — il y a progrès du côté de mon attention, de ma vigilance — dans un beau chaos grouillant : deux pluviers « à qui le dis-tu » — pluviers kildir — qui traversent en flèches les merisiers, douze goélands, qui descendent très bas à ce temps-ci, en criant comme des perdus, l'odeur de l'herbe ressuscitée par la pluie de la nuit, des frissons longs et larges sur le lac, où on dirait qu'un fou invisible s'amuse à lancer des poignées de sable, trois tourterelles en débandade dans les mûriers, et qui volettent en poussant une petite plainte musicale, très différente de leur chant triste à trois notes, une sorte de couinement de moulinet qui se dévide (quand le brochet est bien accroché), la surface de laque noire et argentée du lac, quand le soleil brusquement se cache, et tout de suite il réapparaît et l'eau flambe, trois stridulations de siffleux à peine réveillés et qui flûtent faux, et des dizaines de coassements enroués de grenouilles encore engourdies. Et tout ça dans le vent fou.

C'est Pâques avant les Rameaux, et nous passerons la journée dehors. Annie Dillard, encore, m'adjure d'être présent à plein. « There is the possibility of beauty here, a beauty inexhaustible in its complexity, which opens to my knock, which answers in me a call I do not remember calling, and which trains me to the wild and extravagant nature of the spirit I seek. »

Ici, je pressens l'imminence de la beauté. D'une beauté inépuisable dans sa complexité, qui répond à mon signal, se fait l'écho d'un appel que je n'ai pas souvenir d'avoir clamé, et me guide vers le cœur extravagant et sauvage de l'univers, après lequel je soupire de toute mon âme.

Amen.

* * *

Je pose le fusil sur une chaise, relâche le guet et m'étends dans l'herbe. Voilà deux jours que le musqué ne se montre plus. M'a-t-il aperçu avec le fusil, est-il plus futé qu'on le dit ? Peut-être la femelle est-elle seule dans sa grotte, roulée en boule, et se prépare-t-elle à faire ses petits ? Je donnerais mon fusil, sûrement, peut-être quelques-uns de mes livres et probablement une bonne dizaine de ces courtes journées de ma prompte vie pour voir ça. Voir naître, c'est mon spectacle préféré. Ça naît en masse dans mes livres, et ça naîtra encore. Qu'il s'agisse de notre fille, que j'ai tirée délicatement, de mes deux mains — étrangement tranquilles —, de ce côté-ci du mystère, pendant que sa mère soufflait et poussait, sa main serrant ma cuisse, des chats qui sortent comme des crottes, pendant que la chatte nous fixe avec deux yeux plus verts et plus infaillibles que le mois de juin, du cocon qui se déchire comme du papier de soie pour libérer l'emmêlement compliqué et mouillé du papillon qui sort de la mort en craquant comme un feu de brindilles, des larves qui gigotent tranquillement sous une pierre, à peine effleurées par le commencement de la vie, d'une mue de couleuvre aperçue sur une roche chaude où je sais que la métamorphose a eu lieu et m'a échappé (grand distrait que je suis, trop souvent occupé à ne pas naître et à ne pas voir naître), de têtards, d'œufs de pluviers, de merles, des gélatineuses grappes d'œufs de grenouille prises dans les algues, et qui, quand vous les décollez avec une branche, roulent dans l'eau comme des billes à la fois légères et lourdes des mystérieux noyaux noirs en leur centre, du veau que j'ai vu sortir de la vache, le bras du fermier enfoncé loin dans le très énigmatique ventre rouge et grouillant (il a tiré des deux bras, de toute sa force, a ramené le veau, paquet emmêlé, lustré et turbulent, dans un flot de sang noir qui cascada du cul de la vache sans lui arracher le plus petit gémissement), du bourgeon qui se fendille pour laisser passer un commencement de feuille en tête d'insecte : toute naissance me bouleverse et me fait venir vivement au monde, avec l'arrivant.

Paul Provencher raconte la ponte de la mante religieuse : « Le moment venu (oh, le moment!), les organes génitaux de la femelle, qui apparaissent à l'extrémité de l'abdomen (moi : « comment apparaissent-ils ? ») sous la forme d'une longue fente terminée en pointe — l'oviducte —, s'ouvrent et se ferment rapidement en laissant évacuer un liquide visqueux. Ce liquide, fouetté par le mouvement des organes, forme une sorte d'écume ; celle-ci se trouve d'ailleurs brassée à son tour par au moins deux autres petites spatules ayant la forme de cuillères, fixées au bas de l'ouverture, et battant continuellement à un rythme très rapide. Cela donne comme résultat final une mousse remplie de bulles d'air. » La vie, dans cette mousse pétillante, est commencée ! Que n'ai-je encore aperçu la mante religieuse lâchant sa mousse, à la mi-juin, « donnant l'impression qu'elle est en train d'étendre un ruban » ! Et que dire des larves de cigales qui passent, quelques-unes quatre, d'autres treize, d'autres dix-sept ans sous terre, voyageant lentement d'une racine à l'autre et changeant jusqu'à soixante-quinze fois de peau avant leur naissance à l'air libre ! Elles peuvent bien être infatigables quand, après avoir remonté leur couloir profond de quatre pieds dans la terre, elles sortent enfin pour ne durer que six semaines, au bout desquelles, exténué par tous ses jeux de cymbales, le mâle est devenu sourd et la femelle se traîne sur une tige. Suivant la marche du soleil, elle pond alors ses *œufs* « comme des petits cigares trapus » qui, quatre, treize ou dix-sept ans plus tard — moi : pourquoi quatre, treize, dix-sept années ? Qu'est-ce que c'est encore que ce mystère d'avant-vie, que cette progression encodée, si lente, dans l'humus noir ? —, apparaîtront à leur tour, naîtront, pour chanter, à bout de force, les grosses chaleurs, sur une note, une seule mais puissante, qui naît, nous dit Provencher, dans l'« église » sous leur carapace, deux grands opercules, deux chambres que l'on nomme « chapelles », séparées par une peau transparente qu'on appelle « miroir » et où le tendon et la cymbale font leur musique stridente. Le mâle concertiste finit souvent tristement. Un gros frelon, « attiré par les vocalises de notre ténor », plante son dard empoisonné dans le centre nerveux principal, paralysant notre ami sur-le-champ. Puis la grosse guêpe enlace et transporte la cigale, deux fois plus grosse qu'elle, dans son trou, lui pond un œuf sous une patte, et l'enferme dans une chambre, qu'elle scelle. L'œuf éclôt au bout de trois jours, et la larve a son garde-manger à portée de la bouche. Naissances complexes, grouillantes, successives, infinies ! Le vol nuptial des libellules, après lequel le mâle consent enfin à libérer la femelle, mais dans un lieu propice pour la ponte et qu'il choisit à son goût, une tige de prêle, par exemple, et où, s'accrochant de nouveau à elle, il la guide, la presse de pondre, puis voltige au-dessus d'elle, chassant les intrus et les curieux — mais s'il passe une autre femelle, il va batifoler avec elle, puis revient —, pendant que la pondeuse trempe son abdomen dans l'eau, semant vingt-cinq œufs à chaque saucette (pourquoi vingt-cinq ?), qui libéreront, dans la vase ou sur une tige, des larves à gros yeux et au menton « formant un solide bras articulé », masque labial imitant ces visages de monstres que dessinent parfois les enfants, comme s'ils se souvenaient de leur vie larvaire, de leur grouillement d'insecte, avant la vie dehors.

Naître, naître encore, naître toujours, puisque nous ne sommes et ne serons jamais tout à fait nés ! Nymphes, chrysalides, nous sommes cocons sans finir, en métamorphose, muant, perdant vieille peau et prenant peau neuve. Et qui peut innocemment dire que la mort achèvera ce chambardement, ce recyclage, ces révolutions incessantes, continues, qui peut jurer que la mort, la nôtre, sera néant, que s'arrêteront, à un moment donné, ces incarnations séquentielles ? Peut-être, oui, resterons-nous quatre, treize ou dix-sept ans dans le noir, et après ? Tout ce temps-là, si on creuse un tunnel, si on se fait des forces pour naître, ce n'est ni le ciel ni l'enfer, ce sont tout simplement les limbes de la vie larvaire, un intense et industrieux état de veille...

Je rentre avec le fusil. Le chien couine et se tord le fessier. Il est découragé de notre pauvre chasse. Voilà trois jours qu'on « baise le cul de la vieille ». Mais j'ai rêvé de naissance encore et n'ai pas perdu mon temps. Il tombe une centaine de grains de neige qui volettent comme des étamines de pissenlit dans l'air froid. Je rentre manger, pour naître encore.

« Il est important de noter, écrit Provencher, que la métamorphose des cigales se fait toujours la tête en haut. Et si, pour une raison ou pour une autre, la larve ne peut réussir à se ramener la tête en haut au moment de cette transformation, la métamorphose ne s'accomplit pas. »

Naître, la tête en haut et pas autrement !

* * *

Nous rentrons de la ville, la tête en désordre et le cœur essoufflé, pour trouver tout changé. En quatre jours, pendant lesquels j'ai lâché un peu de ma substance pour gagner ma vie, le jardin, le bois, le ciel, l'air et l'eau ont poursuivi l'inexorable métamorphose, et je suis envahi, perdu, quasiment tourmenté. Est-ce que j'avance, moi, est-ce que je progresse, est-ce que je me métamorphose ? Ou bien est-ce que je vis dans un temps immuable, immobile où « je m'attends infiniment », comme l'écrit Flannery ? L'herbe a pris, déjà, ce vert frais et gras qu'elle gardera jusqu'aux grosses chaleurs. Les bourgeons ont éclaté, libérant les petites têtes de flèches vert acide des feuilles neuves. Le miroir brouillé du lac — il vente toujours et très fort — brasse du bleu neuf et aussi des nuages d'été, déjà, et qui vont finir en orage, j'en suis sûr, quelque part plus au sud, poussés par cet harmattan infatigable — peut-être au-dessus de la maison blanche de Flannery, à Milledgeville, Georgia, où vit encore sa mère, centenaire, au milieu des paons fanfarons et criards que, par amour pour sa fille, la vieille dame s'obstine à garder à la ferme. L'air, aussi, est changé, plus net, d'une pureté d'essence, de gaz condensé, quasiment délétère. On avance, comme saoulé, on marche en perdant de temps en temps le souffle, on est un intrus qui s'obstine, qui cherche follement à se sentir de nouveau chez lui, dans ce temps et cet espace neufs, saturés, et qui vous refoulent. Vous êtes l'étranger, le déserteur, celui qui a fui, qui ne sait plus où en sont les oiseaux de leurs amours, de leurs fouilles, de leurs nids, où en sont les branches, les vers, les salamandres. Vous vous êtes absenté et tout a tellement progressé, mûri, tout s'est tellement déployé, que vous vagabondez en exilé parmi les mille commencements qui vous ont pris de vitesse, et qui vous dépassent grandement.

Vous tombez assis sur une chaise qui ne vous reconnaît plus, qui est d'un accueil rêche et frisquet, vous surprend les fesses avec des rugosités de bois récemment tourmenté par de la pluie et du vent que vous n'avez pas connus. Vous soufflez difficultueusement, comme un convalescent à qui on a périlleusement permis cette sortie aventureuse dans l'univers en fusion où vous risquez d'aggraver votre souffrance, ce mal dont vous ignorez tout encore, et qui a quelque chose à voir avec votre absence, votre éternelle distraction, votre effrayant et inguérissable désir d'être une créature séparée, grandiose, unique, gagnante. Vous vous laissez brasser, secouer, venter.

Vous rattrapez lentement le morceau de saison perdu, vaille que vaille, vous revenez, et de loin, vous le savez bien. Mais d'où ? Où étiez-vous ?

« Admire the world for never ending on you — as you would admire an opponent, without taking your eyes from him, or walking away », écrit Annie Dillard, que j'ouvre au hasard et qui jamais ne me fait faux bond. Puis je laisse sur la chaise le livre, qui prend le vent, froufroute comme la perdrix qui s'envole, et m'enfonce « aveuglément » dans le vent et l'herbe.

> Admire l'univers de ce qu'il ne se dérobe jamais à toi. Admire-le comme un ennemi, sans le lâcher des yeux et sans te détourner de lui.

Et puis, je suis bien poétique, mais nous avons de l'ouvrage, en masse. Il faut relever la vigne, transplanter trois caraganas, creuser la nouvelle plate-bande en bordure du sentier qui longe les mûriers. Et puis nous avons perdu un chat, et je sais que notre fille ne nous pardonnera pas de ne pas avoir au moins tout essayé pour le retrouver. Un chat de ville, et qui, bien sûr, s'est perdu. À moins qu'un camion... J'écris, pour ne pas trop m'inquiéter du minou en allé. Et, bien sûr, pour naître encore, toujours. Dillard écrit : « I do not so much write a book as sit up with it, as with a dying friend. »

> Je n'écris pas vraiment ce livre-là. Simplement, assise à son chevet, je le veille, comme un ami qui va mourir.

* * *

Au téléphone, un ami écrivain me parle d'exil. Apparemment, il ne pourra plus rien écrire *ici*. Tout est fermé, bloqué et les lecteurs restent inimaginables, à l'autre bout de son tunnel. Je ne sais trop quoi lui dire, car je suis sûr qu'il se trompe, ou plutôt qu'il est trompé par une souffrance que je connais bien, moi aussi, et qui nous a donné notre lot de poètes à la tête flambée. Je lui parle de ça, de la tentation épouvantable de partir, du leurre qu'est ce désir d'aller trouver ailleurs on ne sait quoi. Je regarde dehors pendant que je l'écoute se plaindre, avec une voix tremblante, pleine de cette émotion impérissable du poète déserté par le désir, et auquel il ne vient plus que des mots anciens, pour parler de l'éternelle misère de ne pas savoir comment faire. Je regarde dehors et aperçois le bouleau qui balance dans le vent. On oscille sans cesse, on hésite tous, toujours on bat la mesure d'une inaliénable incertitude. C'est comme ça. Je lui dis que j'aime ce qu'il est, ce qu'il fait, mais ce n'est pas assez, comme de raison. L'amour n'est pas assez quand on est seul et enfoncé si loin dans l'inquiétude. Je l'écoute et je regarde les arbres secoués par le vent et c'est pareil : nous sommes tous secoués, bardassés, perpétuellement ébranlés sur nos racines. Je lui dis ça, et il se tait un peu. Mais il recommence, la tourmente est forte.

À présent que le téléphone est raccroché, je sais ce que j'ai envie de lui dire. Je fouille et trouve un vieil exemplaire du journal *Le Monde*, où García Márquez explique un peu pourquoi il vit et écrit aux Caraïbes.

« Pourquoi aller ailleurs ? On y trouve tout. Pour évoquer les Caraïbes, je ne peux que repenser à ces moments de mon enfance où on cherchait le corps d'un noyé. On plaçait une bougie allumée dans une demi-calebasse posée sur la rivière. Je m'en souviens, j'avais sept ans. Avec le village, je suivais, depuis la berge, la bougie qui hésitait, d'une rive à l'autre, au fil de l'eau. Elle finissait par tourner en rond au-dessus d'un point précis. C'était là que se trouvait le noyé. On le tirait de l'eau tel un énorme poisson. Aujourd'hui, je crois que les Caraïbes, c'est le point où s'arrête la bougie après être allée partout. »

Allume ta bougie, suis-en les virevoltes sur l'eau, tu trouveras ton noyé. Écrire, c'est retrouver ses noyés et les tirer de l'eau, « tels d'énormes poissons ».

Et puis, j'ai aussi envie de lui répéter cette petite phrase, sévère mais démuselante, de Flannery : « Ne cédez pas à l'attrait fallacieux du pathétique ! »

Mais je l'aurais blessé. Ou, plutôt, j'aurais cru le blesser. On se ménage, entre scribouilleurs torturés par les mêmes spectres. Avant de retourner dehors, pour retrouver le monde, vacillant, ce matin, dans un vent de grande imprévisibilité, je fouille encore dans mes livres, rangés n'importe comment, sur un vieux banc d'église. Colette, *La Naissance du jour*. Je sais qu'à un moment, elle parle d'amitié, que les mots sont précis, durs et qu'ils sonnaient impitoyablement vrai, autrefois. Je cherche à justifier ma lâcheté, sans doute, et je sais que ce passage m'y aidera. Ah, ça y est, je l'ai : « Chercher l'amitié, la donner, c'est d'abord crier : Asile ! asile ! Le reste de nous est sûrement moins bien que ce cri, il est toujours assez tôt pour le montrer. »

L'affaire, c'est que je ne lui ai rien montré du tout. Je l'écoutais et je regardais dehors. L'orgueil est un péché bien coutumier, et bien encombrant.

« Vous n'aimez pas la gloire ? me demandait Madame de Noailles.

— Mais si. Je voudrais laisser un grand renom parmi les êtres qui, ayant gardé sur leur pelage, dans leur âme, la trace de mon passage, ont pu follement espérer, un seul moment, que je leur appartenais. »

* * *

Il pleut. Ça a commencé par des traînées grises, qui ressemblaient à des fumées de grands feux, au-dessus des arbres. Puis ça s'est rapproché. J'ai vu l'énorme nuage gagner notre vallée. J'étais assis, avec le chien, sur la galerie, et nous regardions tous les deux avancer la pluie. Les premières gouttes se sont écrasées sur le toit de tôle du hangar, dans un tintamarre d'orgue d'église. Tout de suite après, on ne voyait plus rien qu'un grand rideau mouvant à travers lequel les arbres, le lac, les herbes paraissaient fantomatiques, comme ce flou du paysage, à l'arrière-plan d'une photographie, où seul le personnage ou la fleur, tout en avant, semblent vrais, palpables. J'ai regardé le chien. Il m'a regardé à son tour, ses grandes oreilles toutes droites, l'œil interrogateur, toujours un peu inquiet, mais très légèrement. Nous sommes rentrés, à contrecœur.

Mes pages m'attendaient. Mes livres. Et toutes sortes de songeries emmêlées, restes de ma nuit — chaque fois, c'est un voyage où je suis emporté, à mon corps défendant, dans une existence qui est si peu la mienne, pleine de merveilles et de misères, un grand jeu moyenâgeux où la mort est omniprésente et mène mes gestes. J'ai jonglé un moment avec des images, qui semblaient vouloir mon concours pour s'éclairer un peu. Le chien a bâillé comme un loup de dessin animé, j'ai fait du café. Et puis on a gratté à la porte. C'était la chatte, bien sûr. Je reconnais facilement ses petits frottements, comme si elle effaçait de la patte une imaginaire buée sur un des carreaux du bas, qu'elle fixe, inquiète. On dirait qu'elle cherche à traverser la vitre, pour ne pas avoir, peut-être, à me déranger. Je me suis levé, j'ai ouvert la porte. Elle est entrée, tête basse, apparemment désolée de m'avoir encore une fois distrait de mon « grand ouvrage », auquel elle ne comprend absolument rien, ni moi non plus. Je suis revenu à la table, où le café fumait. La chatte mouillée a filé vers le fond de la cuisine et, au bout d'un moment, j'ai entendu un froissement de sac de plastique et des petits couinements étranglés. Je me suis levé de nouveau — c'était très bien, toutes ces interruptions d'un labeur encore incertain, ça m'occupait, ça me désencombrait de mes chimères — et me suis approché du sac de provisions, posé hier sur le plancher, et rempli de cannes de tomates et de petits pois. La chatte, me voyant approcher, a déguerpi dans l'escalier. Le sac remuait et criaillait. Je me suis accroupi et j'ai attendu un peu. Et puis l'oiseau est sorti du sac, les ailes brisées, du sang déjà noir sur le ventre. La petite mésange s'est traînée, en pépiant désespérément, jusqu'au pied de l'escalier, où elle a tout à coup cessé de vivre, dans un dernier soubresaut épouvantable à regarder. J'ai levé les yeux vers la chatte qui, tout en haut, sur la dernière marche, m'observait, avec l'air de comprendre tout à coup que son cadeau ne faisait pas tellement mon affaire. J'ai attrapé l'oiseau mort, mou, tout chaud et mouillé, par une patte et, pris d'une rage qui me rappela brièvement le carnage de mon rêve, je grimpai l'escalier quatre à quatre, saisis la chatte à bras-le-corps et lui battis la gueule, à toute volée, avec l'oiseau mort. Elle se laissa faire, toute la face froncée en cette espèce de grimace facétieuse de « chat qui fait dans de la braise » (Giono). Puis je la lâchai et la regardai ramper sous le lit, avec un effrayant contentement, qui me ramena encore dans le tumulte sanglant de la nuit passée. Nous abritons toutes sortes de sauvageries, sommes parfois le champ de bataille de combats interminables, et la bestialité est autant notre lot que ce noble désir d'harmonie, que nous estimons tant, comme une grâce imméritée. Qu'elle tue tous les mulots et les taupes qu'elle voudra, mais pas les oiseaux ! Je n'endure pas que la chatte torture la mésange ou le chardonneret parce que moi, je les aime, et souffre de les voir attrapés, et que c'est moi qui décide ! Je suis, maintenant, très proche du barbare déchaîné de mes rêves, surabondamment vivant, et plein de cette méchanceté justicière et radieuse qui fait l'âme du héros sanguinaire. Et là, en haut de l'escalier, pendant une seconde, je comprends les guerres, les massacres, le Rwanda, les Serbes, les Kurdes, les Tutsis et les Hutus. Ma raison contre ta bêtise, l'extraordinaire feu au cul qu'est ce désir de faire la leçon, d'avoir du sang sur la face et de foncer, en criant « Dieu est de mon côté ! », dans la mêlée misérable des impies.

Le cœur battant, je redescends l'escalier, insignifiant et traîne-misère. Je reviens à la table et entreprends de fouiller dans le livre des entretiens avec Giono. Je cherche ce passage où, parlant de son incarcération dans la prison du Fort Saint-Nicolas, à Marseille, pendant la guerre, Giono dit quelque chose qui m'avait semblé fracassant, à propos de la barbarie humaine. Je tourne fébrilement les pages, relis quelques phrases soulignées, où je retrouve joyeusement le franc-parler tendre et impitoyable de mon vieil ami, et mets enfin le doigt dessus :

« Voyez-vous, le grand évènement n'est pas que les Allemands aient fait régulièrement des camps de concentration et des fours crématoires, c'est qu'on fasse des camps de concentration et des fours crématoires, c'est qu'on fasse, à peu près partout, des camps de concentration et des fours crématoires. Autrement dit, le fait grave n'est pas que les Allemands soient des salauds, parce qu'à ce moment-là, moi qui ne suis pas Allemand, je pourrais me trouver en dehors des salauds, mais c'est que les hommes soient des salauds ! Voilà la vérité ! »

Il pleut à boire debout. Je vais mettre le grand imperméable, celui avec jambières, veste et capuchon, et aller tailler les mûriers. Je vais aller batailler avec les grandes tiges épineuses, passer ma rage et ma honte, le sécateur — l'arme — à la main, sous la pluie battante.

« Jean Amrouche : Vous avez parlé du monde qui est le nôtre comme d'une Byzance en ruine. Est-ce que vous croyez que dans ces ruines il subsiste tout de même suffisamment de matière, suffisamment de fragments de valeurs, ou d'espoir de nouvelles valeurs, pour qu'un autre monde, un monde humain cette fois, puisse être construit?

« Giono : Dans ces ruines, précisément, circulera une pauvre humanité, très misérable, mais pleine d'espoir. Pour l'instant, moi je les vois surtout espérer sans raison. »

Le chien jappe, gueule, se tortille la croupe en me regardant entrer dans l'imperméable comme dans une armure.

* * *

Je me lave à grande eau et aperçois deux longues zébrures rouges sur ma face. « La chatte est vengée », dis-je en souriant à deux yeux qui me dévisagent malicieusement, dans le miroir de la salle de bains. Deux yeux qui sont les miens mais que je ne reconnais pas tout de suite, tellement le labeur forcené, dans la talle de mûriers, les a convertis en ces prunelles fiévreuses et domptées du mineur qui remonte, engourdi et battu, des profondeurs de la terre. Tout petit, il m'est arrivé souvent d'épier, « au bord du trou », la remontée des gars qui surgissaient, courbatus, les yeux tout petits dans leurs faces sales, des galeries de la mine de columbium, à Oka. Je croyais voir sortir des morts de la terre, des revenants abasourdis et qui toussaient, crachaient, regardaient le ciel en plissant tout le front, comme s'ils ne l'avaient jamais vu. Et puis ils riaient, se chamaillaient, montaient dans leurs camions, redevenaient des hommes comme les autres. Mais pendant quelques secondes, je les avais vus, hantés, comme saouls d'un secret extraordinaire, intransmissible. Alors je fermais ardemment les yeux et faisais vingt pas sur le chemin de terre, croyant avancer dans la galerie étouffante, entre les parois à pic, où je voyais courir le filament fantomatique du minerai, comme une lueur dans le noir sans fond. Mais je ne durais pas longtemps, j'avais une envie effrayante de ciel, d'arbres, de lumière, mes yeux se rouvraient tout seuls et je courais, à en perdre le souffle, jusqu'au bout du chemin, épouvanté, heureux, ressuscité.

Deux minces balafres en pointillé zigzaguent sur ma face, l'une sur la joue gauche, l'autre sur le front, attaques sournoises des épines, qui peuvent facilement vous percer un œil, avec cette impunité impitoyable de la chatte qui se défend, justement. Je ne m'en suis pas si mal tiré et les mûriers feront des mûres, *hopefully*.

Pendant que je taillais, cisaillais, écrasais à pieds joints les ronces sèches, qui craquaient sous mes bottes comme des pétards, j'ai aperçu un couple de tourterelles qui cherchait à regagner la ronceraie, où je tempêtais à qui mieux mieux. Je coupe et arrache tout en les suivant du coin de l'œil. D'ordinaire inquiètes, effarouchées, les voilà qui volettent autour et au-dessus de moi, en lâchant leur gloussement de moulinet de canne à pêche quand le poisson tire, battant si furieusement des ailes qu'elles perdent des plumes, qui neigent sur moi et sur le chien. Je ne suis pas long à tomber sur un nid, lâchement cousu, tout ajouré, fragilement accroché à une branche du vieux prunier sec, et que je suis venu couper, parce qu'il est tout cancéreux de nodules noirs, ce champignon qui tue. J'entends soudain le chien faire de gros bruits de salive et de crocs qui croquent et, en baissant les yeux, je le vois qui achève d'avaler le jaune d'un œuf, la patte délicatement posée sur la petite coquille blanche, qu'il a fait éclater sans l'émietter. J'essaie d'attraper le nid, doucement, mais il se défait tout de suite, comme un petit tapon d'herbe apporté sur la branche par le vent. Un œuf me reste dans les mains, tiède et lisse, d'un poids léger mais compact. Je fais dix pas dans le champ qui borde la talle et le dépose dans un creux sec et tapissé de trèfles. Mais je sais qu'il sera vite mangé par la marmotte, la corneille, ou le chien, quand j'aurai le dos tourné. La tourterelle repondra-t-elle, refera-t-elle son nid ? Et pourquoi dans les ronces, qui sont à couteaux tirés avec tout le monde ? S'y trouve-t-elle protégée, précisément, à l'abri des rongeurs, des buses, que les épines effraient ? La si fluette tourterelle est astucieuse, dans ce cas, et sa méfiance légendaire ne s'épeure pas des poignards. On se sait fort quand on se sait faible, c'est bien connu. Tendre tourterelle, forte tourterelle, tu recommenceras ta nichée, je n'ai crainte.

Le soleil se montre juste comme j'ai fini mon ouvrage. Mais c'est tout bon. Il me fallait la pluie, des difficultés, un semblant d'héroïsme. J'avais une espèce d'enragement à passer, équivoque et sans dessein, et j'en suis délivré. Je reviens vers la maison en regardant attentivement où je mets mes bottes, une phrase de Pierre Morency sur le bout de la langue — « Il faut se rappeler, dans ce lieu, que chaque pas que l'on fait bouleverse des mondes. » Des œufs, des larves, des nids, des petits crapauds, des vies partout dans l'herbe et que je devine, qui m'entourent, des rumeurs, des présences cachées, muettes, industrieuses, innombrables.

Je me sèche — la face me brûle ! — et trouve, dans mon gros *Guide illustré des oiseaux d'Amérique du Nord*, ceci, qui me chambranle : « Les tourtereaux ont droit à un festin spécial : une substance liquide que les tourterelles et les pigeons sont seuls à sécréter et qu'on appelle "lait de pigeon". Riche en lipides et en protéines, ce liquide, qui n'a rien à voir avec du lait, provient de glandes logées dans la gorge de l'oiseau. La tourterelle ouvre grand le bec, le poussin y enfonce la tête et se gave de cette boisson épaisse et nourrissante. »

La tourterelle, indifférente aux épées, qui chante en se lamentant — pauvre *mourning dove* —, « allaite » ses petits, enfoncée dans les ronces ! Et si vous lui attrapez la queue, celle-ci vous restera dans les doigts, et la tourterelle mutilée filera entre les arbres, tranquillement. Les plumes de la queue repousseront, tout simplement. Arrangez-vous avec ces beaux mystères-là qui, à moi, me disent que je ne sais rien, du monde, de moi-même, des autres, des œufs, des ronces, des mots, de mon effort ensorcelé, de mon désir même d'écrire tout ça.

« We're played on like a pipe : our breath is not our own… Nature is like one of those line drawings of a tree that are puzzles for children : can you find hidden in the leaves a duck, a house, a boy, a bucket, a zebra and a boot ?… When the Muse comes, she doesn't tell you to write. She says get up for a minute, I've something to show you, stand here !… But isn't waiting and longing a wonder, being played on by wind, sun and shade ? »

> Je suis une flûte dont joue le vent : mon souffle n'est pas à moi. L'univers est semblable à ces petits dessins compliqués qu'on montre parfois aux enfants : peux-tu distinguer le canard caché dans le feuillage, la maison, le garçonnet, le seau, le zèbre et la botte ?… La muse, quand elle daigne s'approcher, ne te commande pas d'écrire. Elle te dit : « Lève-toi et suis-moi, j'ai quelque chose à te montrer. Regarde !… Attendre, désirer, ne sont-ils pas des grâces en soi ? Être simplement cet instrument dont jouent tour à tour le vent, le soleil et l'ombre ? »

C'est Annie Dillard encore, à qui j'ai recours, quand la tête me tourne, bruissante de mystères. Oui, attendre, observer, écouter, voir, humer sont des grâces suffisantes en elles-mêmes, sans doute. Mais saviez-vous que les Inuit peuvent différencier jusqu'à quarante espèces de neige différentes ? Est-ce que ça ne vous éberlue pas, vous autres ?

Il repleut, à plein ciel.

« Giono : Est-ce que vous êtes arrivé avant moi ? Je n'ai pas fait de sieste, cet après-midi, j'ai préféré aller me promener, parce qu'après la pluie je suis toujours content.

« Amrouche : Pourquoi ?

« Giono : Parce que j'aime la pluie. Je déteste le soleil ! Et c'est la pluie seule qui m'est agréable.

« Amrouche : Parce qu'elle favorise l'inspiration ?

« Giono : Eh bien, ça vient peut-être d'une assez vieille histoire. Je suis très heureux quand il pleut, parce que, lorsque j'étais employé de banque et que je voyais pleuvoir, généralement à ce moment-là il n'y avait pas de clients, et je pouvais écrire comme je voulais. »

* * *

Je finis de tailler nos mûriers à la brunante, savourant le danger d'attraper par la tête l'une ou l'autre de ces branches meurtrières, que je distingue à peine, sur le fond du ciel sombre, et que je coupe avec une joie féroce de prédateur après sa proie. Les grenouilles sifflent et flûtent, modulent leurs amours nuiteuses. Quand je sors, en sueur et les deux bottes délacées, de la talle où j'ai dégagé, en un beau labyrinthe serpentant, des couloirs pour la cueillette, la nuit est tombée complètement et un morceau de lune pâle est accroché dans les pins. Je suis plein d'une fatigue joyeuse, qui ne s'achète nulle part au monde, qui ne coûte rien qu'un peu de passion et des gestes.

Le chien est couché sur la première marche de la galerie et dresse les oreilles à l'approche de ce grand spectre-au-ciseau, nonchalant et échevelé, et qui siffle avec les grenouilles.

Juste avant de monter me coucher, je tends le bras et attrape le premier Gabrielle Roy — la pile est en permanence sur ma table. C'est *La Montagne secrète*. Je l'ouvre au hasard, lisse les pages et lis :

« Alors Pierre découvrit que ce que les hommes attendent des gens de sa sorte, c'est par eux d'être réjouis et soulevés d'espérance. »

Peut-être est-ce ce qu'on attend, aussi, un peu, de moi ?

Je pourrais tourner la page, ouvrir un autre de ses livres, lire n'importe où, c'est toujours simple et ardent, chaque page est belle, donne du cœur et aussi une légère tristesse, reposante. Mais « je suis mort », comme disait papa, en sortant du hangar où il bâtissait ses chaloupes, à la lueur de l'unique ampoule qui balançait au bout de son fil, et lançait sur l'herbe des ombres surnaturelles.

* * *

Il pleut et pleut, sans finir. Je lis Barry Lopez, ses *River notes*. Je ne suis que ruissellement, avec lui, eau qui coule, courant de rivière, hérons dans la vase, plage mouillée où la vague meurt, en lâchant de beaux débris lisses aux formes étranges.

« I could examine myself as though I were an empty abalone shell, held up in my own hands, held up to the wind to see what sort of noise I would make. I knew the sound — the sound of fish dreaming... I dreamed I was a salmon, listening to the noise of water in my dreaming... down the beach... as silent as snowing... »

J'aimerais m'explorer moi-même, comme si j'étais une coquille d'oreille de mer, au creux de mes mains. Je l'exposerais au vent, pour entendre le beau bruit qui sortirait de moi. Je crois que je reconnaîtrais ce son-là, celui du poisson qui songe... J'ai rêvé souvent que j'étais un saumon, attentif à la rumeur de l'eau, au cœur de ma rêverie... Là-bas, sur la grève... plus taiseux que la neige qui tombe.

J'ai dû vivre longtemps sous l'eau, dans un autrefois inouï, dont j'ai mémoire toujours, renseigné à tout moment sur les moindres ondulations de nageoires, reptations d'esturgeons dans le chenal, traversées scintillantes des bancs de laquêches, bonds de truites, balancements hypnotiques des longues algues jaspées d'argent, mouchetées de colimaçons. Je vois tout ça quand je trace les mots, suis emporté dans la mouvance lente, les yeux ouverts dans cette transparence glauque où je suis étrangement habitué à me bouger, à remuer avec les flux, l'ondoiement tranquille ou les turbulences écumeuses. Je *sais* que nous fûmes poissons, au commencement. J'ai des souvenirs étonnants, sûrs, des grandes profondeurs, éblouissants et précis, parfois, comme ces rêves plus vrais que la vie et qui nous reviennent souvent.

À la Nouvelle-Orléans, à l'Aquarium of the Americas, nous avons traversé, comme si nous nagions, un grand tunnel de verre, survolés par des méduses, des requins, plus de quatre cents espèces de poissons bigarrés du golfe du Mexique et du delta du Mississippi. Je suis resté longtemps collé à la paroi translucide, aspiré, revenu chez moi, extraordinairement délesté, apaisé, dépris de mon encombrante pesanteur d'être marchant et pensant. Et comme j'ai envié l'homme-grenouille, qui ondoyait là-dedans, peau nue et pieds légèrement palmés, frôlant des dos, des nageoires, des queues versicolores, lançant, au ralenti, leur pitance aux grands thons, aux anges-de-mer, aux mantes et aux murènes.

Il pleut. Lopez parle bien de l'eau, de la rivière, du singulier monde marin. Comme lui, je me laisse aller à espérer que je finirai dans l'eau, où j'ai commencé :

« I know the last days will be here, where the sun runs into the ocean, and that I will see in a movement of sea birds and hear the sound of water beating against the earth what I now only imagine, that the ocean has a sadness beyond even the sadness of birds... »

Je sais que, pour mes derniers jours, je reviendrai ici, où le soleil tombe dans la mer, et que j'apercevrai enfin ce que je ne peux aujourd'hui qu'imaginer, parmi les battements d'ailes des oiseaux de mer et le cognement des vagues contre la grève, à savoir que l'océan exhale une mélancolie plus déchirante encore que celle qui émane des oiseaux...

* * *

Finalement, c'est le chien qui a eu le rat musqué. Nous sortons pour planter les bulbes de dahlias et apercevons le chien, couché au beau milieu de la pelouse, avec quelque chose de noir et de luisant dans la gueule. Il bat de la queue et lève sur nous un regard mi-fier mi-tourmenté. Nous approchons de lui, inquiets à l'idée qu'il a peut-être retrouvé le chat, sur la route, écrasé par un camion. Le chien se lève d'un bond, abandonnant sa carcasse mouillée. Je me penche et aperçois tout de suite la queue en lime à faux et les deux longues dents jaunes qui sortent de la gueule rougie de sang de la bestiole. Le chien saute et se branle le derrière, orgueilleux et un peu coupable de s'être montré meilleur chasseur que moi. Je frotte à tour de bras son poil mouillé et lui chante les louanges qu'il mérite, en me perchant la voix, pour participer un peu à son énervement et lui témoigner comiquement une jalousie que je ne ressens pas du tout. Il dresse les oreilles, gémit et saute de plus belle autour de sa proie qui, les quatre petits fers en l'air, dans l'herbe, ressemble à un vieux toutou en peluche, abandonné par un enfant inconnu.

Pendant que nous creusons, la buse à queue rousse plane au-dessus de nous, fouillant les champs de son regard télescopique. Tout le temps qu'elle rôde dans le ciel, pas un oiseau ne chante et rien ne remue dans l'herbe. Le rapace, comme l'ogre des contes, arrête le sang et les souffles, promène son ombre qui épouvante sur toute la prairie qui est un champ de bataille. Une fois qu'elle s'est laissé porter par un coup de vent et dérive au-dessus du bois, on entend un timide « cache-ton-cul Frédérik » et les trilles délivrés d'un merle. La vie reprend, la menace est passée.

Tout à coup, je songe à Margaret Laurence, « The courage of a falcon and the beauty of a deer and the warmth of a home and the faith of a saint… » *The Diviners*, un beau livre, son plus beau. « The lost languages, forever lurking somewhere inside the ventricules of the hearts of those who had lost them. »

> *Le courage du faucon, la beauté du chevreuil, la chaleur du foyer et la foi du saint.*

> *Les langages oubliés, cachés en quelque recoin du cœur de ceux qui les ont perdus.*

Morag et Skinner Tonnerre, le métis, « innocence may well be the eighth deadly sin ».

> *L'innocence est peut-être le huitième péché capital.*

J'ai traversé le roman comme on traverse en train, dans le nord du pays, les Bois Brûlés, attrapé au passage par les squelettes des arbres mangés par le feu et les lumières miraculeuses des courtes éclaircies des lacs et du grand ciel de l'ouest. J'ai tâché souvent d'éclairer l'âme du métis, que je pense connaître et comprendre un peu. Mais Jules « Skinner » Tonnerre est une grande réussite, la quintessence du cœur errant, fier et déchu, arrière-petit-fils de Louis Riel, « half-breed » inspiré et perdu, « surrounded by mysteries on all sides, proud as the devil », et qui achève sa vie de vagabond magnifique « with the tough tired eyes of a man who still has to battle but no longer finds much joy doing so ».

> *Demi-sang inspiré, assiégé de mystères et fier comme le diable, avec le regard fatigué de celui qui doit se battre encore, mais n'y trouve plus de plaisir.*

« Look ahead into the past and back into the future » sont les derniers mots du roman. Tous mes livres pourraient finir comme ça, finissent, pour ainsi dire, comme ça.

> *Devant toi, le passé et derrière toi, le futur.*

> *They say the dead don't always die*
> *they say the truth outlives the lie*
> *the night wind calls their voices there*
> *The métis men, like Jules Tonnerre.*
>
> *Il paraît que les morts ne sont pas vraiment morts*
> *il paraît que la vérité survit au mensonge*
> *le vent de la nuit, là-bas, les appelle*
> *Tous ces sang-mêlés et Jules Tonnerre avec eux.*

Oh, comme j'ai aimé Morag (Laurence elle-même, écrivant son livre) : « Forest cannot hurt me because I have the power and the second sight and the good eye and the strength of conviction ? »

> *La forêt ne peut pas me faire de mal, puisque je possède la force, la clairvoyance, le bon œil et l'énergie de la confiance.*

À la fin de *The Diviners*, on sait ce que veut dire « the strength of conviction ».

Je retourne dehors, creuser, planter, écrire en silence. Je pense, comme Margaret Laurence, qu'aimer, écrire, travailler, vivre, tout ça doit se faire « on faith ». Creuser la terre, faire des phrases, ouvrir la main sur le visage aimé, essuyer des larmes, cuire le gâteau, réparer la chaise : « You have to take it on faith, you can't ever be sure. »

> *Tu ne peux jamais être sûr de rien : il faut y aller au jugé et croire que tu fais pour le mieux.*

Avant de sortir — le soleil est revenu ! — je fouille dans la correspondance de Laurence avec le poète Al Purdy. Je mets ici — oh il me faut redire ici la joie toujours neuve de me la couler douce, en écrivant les mots des autres, où souvent je me retrouve plus et mieux que dans les miens ! — des phrases autrefois soulignées par moi, et qui m'ont donné du cœur au ventre, une franche tape sur l'épaule, ce réconfort incalculable et fraternel accordé par l'écrivain consacré, qui se sait toujours *a beginning writer.*

« To me, life depends on doing what you are given to do, and no excuses. And if one door may close, another opens. » — « We step carefully around the traps we've set. » — « The cost is always more than I'm prepared to pay. But not more than I can pay, so no cause for self-pity. » — « I suppose one always has basically the same prayer — God, just let me do this one novel, and I'll never again ask for anything of you. One hopes He smiles tolerantly, and says — yeh, I've heard that one before. » — « I feel convinced that the characters exist in some other dimension, and pray like hell to make direct contact with them. » — « No visions for me, either, and no mystique about writing. Although, sometimes when it is going well, one has a kind of sense of possession. » — « I am a religious atheist and writing is my way of praying. » — « No credit to us for writing — it's an addiction. » — « It would be worse not to do the novel than to do it, so the basic situation is not a very complicated one. »

> Dans la vie, tu dois faire ce que tu as à faire, sans te dérober. Et quand une porte se ferme, une autre s'ouvre. — On passe notre temps à marcher tranquillement en bordure des pièges qu'on a soi-même tendus. — Le prix à payer est toujours trop élevé et pourtant j'ai les moyens. Alors inutile de me plaindre. — J'imagine que tous les écrivains font cette même prière : Mon Dieu, laissez-moi achever mon roman et je ne vous demanderai plus jamais rien ! Et chacun espère que le Bon Dieu sourira en coin et lui répondra : « Ouais, ouais, on dit ça ! » — Je suis persuadée que mes personnages vivent quelque part, dans une autre dimension, et je passe mon temps à les supplier de se mettre en contact avec moi. — Pour moi, pas de visions, pas de mysticisme de l'écriture. Pourtant, par moments, quand tout va bien, j'écris comme si j'étais, d'une certaine façon, possédée. — Je suis une athée croyante : l'écriture est ma façon de prier à moi. — Pas de mérite pour l'écrivain : les mots sont une drogue et il est « accroché ». — Ne pas écrire de roman serait pire que tout, alors, au bout du compte, l'affaire n'est pas tellement compliquée !

Dehors, dehors !!!

* * *

Un vrai soir d'été, déjà. La lumière reste longtemps dans les pins absolument immobiles, une lueur de sang au bas du ciel bleu sarcelle. La tourterelle se plaint et les grenouilles commencent à flûter. Un apaisement descend sur la vallée, juste avant que s'allument les étoiles. Un apaisement dont chacun a besoin et qui donne le goût de la patience, de la persévérance, de tout ce qui me fait tant défaut dans l'entrain effrayant de mes désirs précipités. Je dévisage jusqu'à la brunante les nouvelles feuilles de l'érable et crois les voir grandir un peu, « à vue d'œil », se détordre, s'allonger, gagner plus de ciel.

Je rentre pour lire Lopez, encore. « […] fear might come, and it could make people strong, but it would be worth nothing without compassion… » *Il se peut que la peur qui nous vient parfois nous rende plus forts. Mais elle ne nous vaut rien sans l'amour.*

La chatte est perchée sur le bras de la chaise de rotin. Elle ouvre, sur la table et le halo de lumière où j'écris, deux grands yeux couleur de thé fort et où je découvre un gisement inaperçu, encore, des dizaines de points d'or luisants, palpitants comme de petits astres vivants.

Le bouquet de trilles, cueillis tout à l'heure au bord de la route, embaume le marais pourri, la cave humide, un remugle qui épouvante un peu. Mais le pourpre de ses pétales est plus chatoyant que celui du ceinturon de l'évêque qui m'a confirmé.

« I cannot believe it is so far between knowing what must be done and doing it… » *Comment croire qu'il y a si loin de la conviction à l'accomplissement…*

Je monte, somnambule avant ce sommeil, mon espèce de souffrance fondue, mon avidité quasiment guérie par ce « quelque chose d'enfin apitoyé », comme l'écrit Gabrielle Roy, qui se pose sur la vallée, sur la maison, enfin sur moi.

* * *

Deux chats sauvages (ratons laveurs) sont grimpés dans les hauteurs de l'érable, près de la galerie, et chialent comme des bébés. En ouvrant la porte à la chatte, je les entends couiner, pleurnicher et, en levant la tête, les aperçois, deux boules de fourrure, chacune enroulée à sa branche. Ce sont des jeunes, des enfants perdus.

Je rentre du jardin, deux heures plus tard, et ils sont toujours là, endormis sur leur branche, accrochés et immobiles comme des nids de corbeaux. Le chien dort sur la galerie, le corps au soleil et la tête à l'ombre, à la façon des Mayas du Yucatán. Il ne les a pas vus, pas entendus. Il faudra bien qu'ils descendent de là, mais quand et comment? Je m'assieds sur une marche, au soleil, la tête levée sur mes deux chats de peluche pendus dans l'arbre. Alors le chien se lève, se secoue, vient s'asseoir à mon côté et lève à son tour le museau, le regard braqué sur les chats endormis. Je scrute ses yeux marron, que je trouve bien tranquilles, et découvre qu'il sait depuis un bon moment ce que font les ratons dans l'arbre. En fait, c'est probablement lui qui les a fait monter dans l'érable (je l'ai entendu japper longtemps, à la barre du jour). Il les a effrayés, ils se sont sauvés en hauteur et maintenant il les tient à vue, mine de rien. Je le regarde se recoucher, se rendormir, d'un œil seulement, bourreau tranquille, guetteur content. Comment est-ce qu'elle va finir cette traque-là? Il y en a au moins une par jour, de ces battues effrénées ou flâneuses, dans le jardin.

Je laisse la porte ouverte, un œil sur le drame en cours, et saisis le crayon. Un geai pousse sa criaillerie alarmée, dans les cèdres. Un camion passe, et la poussière qu'il soulève vole longtemps au-dessus des sapins. Le lac est d'argent pur, sans le moindre frisson. J'entends des chevaux qui approchent et distingue la voix pointue d'un cavalier et des rires.

J'attends un ami. Je fais le café — il peut en boire dix tasses, et du serré, en deux heures! — et je souris en songeant que l'esprit de cet ami a quelque chose à voir avec les chats sauvages grimpés dans l'arbre. Sans doute à cause du café, et aussi de l'inquiétude, peut-être, sans parler de ce désir puissant, équivoque, de monter, de grimper, d'aller voir les choses de haut. Je lui montrerai les chats dans l'arbre et le dévisagerai subrepticement, chercherai à voir ce qu'il verra, peut-être…

« I want to be able to make contact with members of my tribe while at the same time preserving privacy, and this is a bit tricky. »

J'aimerais tellement pouvoir me rapprocher des autres membres de ma tribu, tout en sauvegardant ma liberté. Mais c'est plutôt sorcier, non?

— Même chose pour moi, chère madame Laurence!

J'entends sa voiture dans l'allée. Le chien ne quitte pas son poste pour me suivre. « Enemies are never wholly enemies or friends friends… », écrit encore Margaret Laurence.

Un ennemi n'est jamais qu'un ennemi. Un ami non plus.

* * *

Je suis en ville et il pleut sans finir. J'erre, entre deux rencontres, avec des gens « malheureux parce qu'ils ne savent pas qu'ils sont heureux », comme l'écrivait Dostoïevski. J'erre, je me promène, je hante les rues, les trottoirs, longe les parcs, tâche de garder les yeux levés vers les branches nouvellement hérissées de ce duvet vert tendre qui émeut en chacun le désir de recommencer son chemin, sa vie, son œuvre.

Rue Peel, des édifices à bureaux, où j'aperçois, par les fenêtres ouvertes, des hommes en complets trois-pièces et des femmes en soie bariolée, enguirlandées de gros colliers qui doivent coûter les yeux de la tête. Tout à coup, un magnolia, toutes fleurs dehors, opalescentes et rosées comme des mouchoirs ensanglantés qu'on a mis à tremper dans l'eau claire d'un bol, m'arrête et m'éblouit un long moment, me plonge dans l'une de ces extases orientales et peu ordinaires, où l'on croit déceler, et même ressentir, la présence vibrante et solennelle d'une vérité. On sent alors que quelque chose en nous — en moi qui erre, en ces gens d'affaires qui s'agitent, endimanchés — lutte avec détermination pour pactiser avec l'existence. *But miss the show,* comme de raison. Il n'y a pas de sens, il n'y a qu'un déroulement, alternativement terne et scintillant, hivernal, printanier, une passion qui cherche à mettre au moins la moitié du monde entre notre cœur et sa honte. Je repense à mon cher *Tao tö king* :

L'homme cherche sans passion

le cœur de la vie

ou passionnément

cherche sa surface,

mais cœur et surface

sont essentiellement identiques,

les mots ne les opposent

que pour exprimer l'apparence.

Si un nom est requis, la surprise les nomme tous les deux :

De surprise en surprise

L'existence s'ouvre.

Comme les fleurs du magnolia, dont le parfum soûle et guérit, pendant quelques mystérieuses secondes, de cette effrayante insatisfaction de la réalité, avec ses tristes extases d'humiliation et ses chimériques visions de rédemption. Amen, et le « philosophe de bottine » (comme disait papa) reprend son chemin, sous la pluie, un peu apaisé et le pas plus allègre.

Deux sansonnets me suivent, de cerisier en cerisier, rue Sherbrooke, curieux et bruyants comme des singes de jungle de dessin animé. Ni les klaxons ni la boucane meurtrière des autos ne les dérangent. C'est après moi qu'ils en ont, le marcheur tranquille, l'intrus, le probable pilleur de nids. Profitant du gros rugissement de l'autobus qui redémarre, au coin de la rue, après avoir avalé son content de travailleurs et de travailleuses aux grands yeux espérants et inquiets, je lève la tête et crie, vers les hauteurs d'un cerisier :

— Celui qui parle ne sait pas. Celui qui sait ne parle pas !

Ils s'arrêtent. Pendant dix secondes, les branches redeviennent silencieusement des branches, tranquilles, embellies depuis peu de délicates corolles roses. Puis je m'avance encore entre les arbres, et la chamaillerie, derrière moi, reprend de plus belle. Ces oiseaux-là ne sont pas sourds : ils ne me croient tout simplement pas. Paroles dans le vent, ce que disent ces grands moineaux jaloux, à deux pattes et sans ailes, qui ont perdu le goût de la pitié, ont perdu le goût de tout, sauf de la chasse et du sang...

* * *

De là où je suis (sur la terrasse, derrière la maison), j'aperçois une neige qui vole et s'éparpille sur la pelouse. C'est le pommier derrière le hangar, que je ne vois pas, et qui lâche ses fleurs dans le vent. On ne voit jamais d'où vient la joie, la beauté. On surprend des pétales dans la brise, jaillis de nulle part, une pluie qui rafraîchit les yeux, le cœur.

Le merle niche non pas *dans* mais *sur* la cabane, juchée tout en haut du pignon du hangar. Extravagance toute simple et qui me stupéfie. Je sors, il faut le dire, de dix jours de relecture et de corrections de mes histoires (*Où vont les sizerins flammés en été ?*) « saisies » par Isabelle, achevées et pourtant inachevées, insuffisantes, trouées comme des poches de quêteux qui laissent couler les sous dans le sable des chemins. Je suis pris d'une fatigue « finale », rançon de cet ouvrage de mue, de naissance souffrante et qui me laisse étiolé et les branches molles, les feuilles sèches, comme le pommier en octobre, quand il a donné ses fruits et n'espère plus rien que le gel et un grand sommeil d'oubli.

Hier soir, j'ai lu un peu du bon roman de Doris Betts — *Souls raised from the dead* — et, accablé de mon invraisemblable misère de Dostoïevski-mourant-de-son-insignifiance, je fus attrapé par ces quelques mots, qui m'ont semblé tout à fait bien décrire mon martyre : « A running unreal dreamer. » Je suis cet « irréel rêveur qui court », pas de doute, pas le moindre doute possible !

Et pendant que je courais follement après mon rêve — les histoires, que je tâchais de « réchapper »—, l'été est arrivé. Pommiers, merisiers et lilas sont en fleurs et l'eau du lac s'est réchauffée. Je me baignerai, tout à l'heure, après avoir tondu la pelouse, arraché les mauvaises herbes, brûlé ma rancœur et ma honte, à grands gestes de découragé furieux.

Rien d'autre à faire, « Rien : — écrit Sallenave — pas d'autre temps que ce temps-ci qui fait peur et rassure, où l'on se débat et s'abrite à la fois... »

* * *

J'avance, dans le jardin, comme un convalescent. Achever un livre, c'est retomber malade, retrouver un soi-même dépris d'une passion qui a tout dévoré et n'a laissé qu'un petit tison étouffé sous la cendre, et l'on reste longtemps assis devant des pages incompréhensibles, comme devant une longue lettre en chinois, adressée à personne, et mystérieusement écrite par vous, dans un autrefois inexplicable. J'avance dans le jardin, effleuré au passage par un fantôme de vent, une pluie spectrale de pétales de fleurs de pommiers, à nouveau rendu à une présence désincarnée, à cette espèce de pauvre attention d'après la fiction, une errance illusoire dans un univers moins vrai que le monde inventé, qui vient de disparaître, avec les dernières phrases écrites, lancées comme une poignée de sable dans le vent. Bref, je n'en mène pas large et risque à tout moment de mettre le pied dans un trou ou d'attraper dans l'œil le fouet d'une branche. Je me blesse, souvent, quand je recommence ma vie de fantôme, mon existence d'écrivain qui a écrit, qui a fini d'écrire et retrouve son corps maladroit de vivant abandonné, de vagabond fraîchement dessoûlé.

Au fond du champ, j'aperçois un pommier qui n'a fleuri que d'un côté, une seule branche est toute blanche et le reste de l'arbre est sec, mort. « Il faudrait que je coupe mes ramures sans sève, comme j'émonderai l'arbre demain », me dis-je en avançant vers le pommier, au tiers printanier. J'approche encore et le vent m'apporte la fragrance à peine sucrée, délicate, de la branche touffue de fleurs. Qu'est-ce qui a tué les autres branches ? Je ne vois pas de nodules, pas de chenilles, pas de cette lèpre noire abandonnée par la foudre, qui fend parfois l'arbre en deux et ne laisse qu'une moitié vivante, couverte d'une huile noire et qui sent le soufre. Rien. Apparemment, le pommier a « paressé », comme dit mon voisin, qui a trois cents pommiers et vit dans le mystère familier des morts, des survivants et des ressuscités.

J'ai donné un livre. Une branche seulement, de moi, a fleuri. Le reste est sec, « paresse », ne laisse pas monter la sève, se tord dans la lumière, gesticule lugubrement dans un ciel d'un bleu irréel.

En revenant, vers la maison, je suis le vol aérodynamique d'une hirondelle, ses voltiges compliquées et sûres. Un petit insecte dans son bec, je la vois grimper facilement, puis plonger — elle rase ma tête! — et, à cinquante kilomètres à l'heure, glisser par une fente d'à peine dix centimètres de large, entre deux planches de la grange, pour retrouver son nid, sur une poutre. Splendide maîtrise! Même avec tous les mots à la bonne place, avec de l'élan et du cœur, au plus fort de ma forme, je ne fais pas une phrase avec cette virtuosité-là. Jamais de la vie!

On voit que je suis prêt à me condamner infailliblement, que j'irais purger ma peine au plus noir et au plus froid d'un cachot, et que même j'irais en courant. Le livre est écrit et je ne suis plus personne ni plus rien. Et le jardin printanier est en deuil.

« Giono : Je suis toujours aussi désespéré, mais je sais que, très probablement, du haut de l'horizon, si je continue ma route avec constance, je verrai surgir des terres nouvelles, et des terres où je veux aborder. Alors, je ne me fais plus beaucoup de mauvais sang, je continue. »

Comme dit la chanson : « Quand on a perdu le nôtre, il reste toujours l'espoir des autres! »

Je mets mes bottes, puis cherche et trouve mes gants de jardinage — pourquoi sont-ils en petit tas mouillé sous une chaise ? —, et file transplanter l'aubépine Toba qui est en train de sécher sur pied, la pauvre, comme moi.

* * *

Je relis Colette, sa merveilleuse et courte histoire du rossignol, attrapé en pleine nuit par « les vrilles de la vigne », et qui, depuis, chante au ciel noir, et qu'on écoute « avec le désir insupportable de le voir chanter encore ».

« Tant que la vigne pousse, pousse, pousse, je ne dormirai plus! »

L'écrivain est cet oiseau chanteur aux « ailes impuissantes », aux « pattes empêtrées de liens fourchus ». Il pousse dans la nuit une plainte qui lui révèle sa propre voix, « crie fiévreusement ce qu'on a coutume de taire, ce qui se chuchote très bas » et parfois sa voix « languit jusqu'au murmure parce qu'il n'ose poursuivre ».

Elle écrit, l'amante des grands chats : « Je voudrais dire, dire, dire tout ce que je sais, tout ce que je pense, tout ce que je devine, tout ce qui m'enchante et me blesse et m'étonne : mais il y a toujours, vers l'aube de cette nuit sonore, une sage main fraîche qui se pose sur ma bouche, et mon cri, qui s'exaltait, redescend au verbiage modéré, à la volubilité de l'enfant qui parle haut pour se rassurer et s'étourdir... »

Et elle achève comme ceci (a-t-on jamais su mieux dire ce que c'est que d'écrire ?) : « Je ne connais plus le somme heureux, mais je ne crains plus les vrilles de la vigne. »

Mes dix histoires sont là, sur la table, entre le bouquet de muguet et le pot de café. Lentement, je me tranquillise. Je ne peux plus rien pour elles, bien que je sois encore bouleversé par « le désir insupportable de les voir chanter ». Elles sont ce qu'elles sont, un point c'est tout, et je dois les laisser aller. Je fus, c'est sûr, en les écrivant — et c'est encore Colette qui sait dire ça, bien mieux que moi —, « occupé de toutes choses dont l'ignorance pèse et dont la découverte humilie ». Mais je n'ai plus « la vision », en me relisant. Quelque chose s'est perdu, qui n'était peut-être pas nécessaire, qui pourtant semblait primordial, au commencement. Et puis je fouille et trouve ces mots d'Annie Dillard, et ressens tout à fait ce qui m'arrive : « And so you continue to work, and finish it. Probably, by now, you have been forced to toss the most essential part of the vision. But this is a concern for mere nostalgia now : for before your eyes, and stealing your heart, is this fighting and frail finish product, entirely opaque. You can see nothing through it. It is only itself, a series of well-known passages, some colored paint. Its relationship to the vision that impelled it is the relationship between any energy and any work, anything unchanging to anything temporal. »

> *Et tu continues, tu achèves le livre. Sans doute, en avançant, as-tu fini par rembarrer la fameuse vision de départ. Ça ne fait rien, inutile de t'apitoyer, puisque tu as devant toi, brûlant tes yeux et ton cœur, le frêle mais vigoureux produit final, presque entièrement opaque. Tu ne peux rien voir au travers. Le livre est ce qu'il est et rien d'autre, une suite de passages que tu connais par cœur, de la couleur étalée sur une toile. Sa relation à la vision qui l'a fait naître est du même ordre que tout lien existant entre l'énergie créatrice et le travail lui-même, entre toute chose éternelle et toute chose changeante.*

C'est cela, exactement, ni plus ni moins. Je vais me baigner, et j'emporte Colette avec moi.

— « … déjà, je cherchais, enfant, ce choc, ce battement accéléré du cœur, cet arrêt du souffle : la solitaire ivresse du chercheur de trésor. »

— Moi aussi, madame Colette ! Et voyez où ça m'a mené !

— C'est vrai qu'aujourd'hui tu figures assez bien, de dos, « un pardessus vide, ensorcelé et vagabond ! ».

— Je me traîne et tâche de continuer, de vivre comme ça, avec ça !

— « Est-ce que tout autour de vous n'est pas aussi grave, aussi turbulent que vous-mêmes ? »

— Oui, sans doute. Mais moi…

— Toi, toi, toi ! Tu me fais sourire. Tu as « besoin de vivre au sein d'une chaude approbation, après avoir eu besoin, dans ta jeunesse, de mourir publiquement et avec gloire ! ».

— Ah. Ça, c'est vrai.

— Mais bien sûr ! (Colette arrondit encore ses grands yeux de chatte persane et pose sur mon bras sa forte main de paysanne bourguignonne aux doigts cerclés de grosses pierres de monseigneur.) « Trop tard, trop tard… C'est le mot des négligents, des enfants et des ingrats ! »

— Mais si le livre ne vaut pas un pet de lapin… ?

— Tut ! tut ! tut ! Avec ton « visage de sauteur de murs », et ton « air d'amoureux désespoir », tu ne me stupéfies pas, c'est à peine si tu me distrais, dans ma longue méditation où les chats sont bien plus intéressants que toi.

— Vais-je retomber sur mes pattes, moi aussi, comme le chat qui chute ? (Je m'efforce, on le voit bien, de rejoindre Colette sur son terrain, dans sa cour, où les chats sont suzerains.)

— Pauvre enfant ! Demain, tu auras recommencé ! Tu es curieux comme tous les chats qui écrivent. Un peu comme moi. « Et si cette curiosité me quitte, qu'on m'ensevelisse, je n'existe plus ! »

Je ne lui dis pas qu'on l'a bel et bien ensevelie, elle ne le sait que trop. Elle qui, pour son quatre-vingtième anniversaire, se faisait livrer, au Palais-Royal, un lièvre piqué de quatre-vingts gousses d'ail, comme on se suicide, joyeusement, après un quasi-siècle de vie friande et charnelle, de farouche liberté de vivre, d'aimer et d'écrire…

* * *

Écrire… L'orage approche, il vente à coucher les arbres dans l'herbe et le grand souffle qui entre par les fenêtres sent l'iode et le sable sec. Écrire… J'ouvre la porte à la chatte, qui n'aime pas les orages, qu'elle passe le plus souvent sous l'armoire, comme morte, mais les yeux grands ouverts, et alors l'éclair allume des diamants dans ses prunelles noires. Elle marche sur la table, sur mes pages, énervée par le crayon que je tâche de remuer sur le papier, pour attendre l'orage. Écrire... Pour quoi faire ? Pour passer les orages, justement. Pour empêcher la déroute des espérances. Je ne sais pas, je n'ai jamais su. J'écris, il le faut. C'est un esclavage supportable et qui ne me fait souffrir que de temps en temps. Une chaise bat, balance, fait un léger tam-tam sorcier. C'est la chatte couchée qui se lave. Près de moi, elle est tranquillisée, elle a oublié l'orage. Pas moi. Je sais qu'il se rapproche. L'air refroidit, les feuilles de l'érable sont blêmes, les grenouilles flûtent avec cette inquiétude qui les fait siffler faux. Écrire, le cœur battant, comme en épouvante. Parce que, peut-être, on va voir. J'écris souvent avec cette docilité du frère, dans son couvent, habitué à toutes les soumissions. J'écris parfois en souriant, en homme qui sait le fin mot des destinées, parfois en rageant, brisant la mine de mon crayon, barbouillant la page, tremblant comme un voleur, poursuivi par l'oubli, comme Poucet par son Ogre. J'écris parfois debout, enflammé comme un démon, les yeux fous fixés sur les mots ardemment tordus et que je torture encore, acharné, sûr de chercher l'accalmie en prolongeant le massacre. Je forge, emporté, debout dans les étincelles du feu que je nourris...

Premier coup de tonnerre. La chatte file sous l'armoire, la nappe vole, les grenouilles se taisent. J'écris parce qu'autrement, comme l'écrit Flaubert, « le diable, en ce monde, a le dessus ». Il écrit, le maître aux moustaches tombantes et aux gros yeux orientaux, à son disciple Maupassant : « Prenez garde à la tristesse. C'est un vice, on prend plaisir à être chagrin et, quand le chagrin est passé, comme on y a usé des forces précieuses, on reste abruti. Alors on a des regrets, mais il n'est plus temps. » Henry James, lui, scribouille plus simplement : « Ne fais pas trop grand cas de l'optimisme comme du pessimisme. » Oui, c'est peut-être de la tristesse, cet énervement sans espoir qui me tient, depuis quelques jours, et que j'endure trop complaisamment. J'écris avec et contre cette tristesse-là, qui est abondante et délicate, comme de la neige sur mon corps couché dans l'herbe. « Essayez d'être de ces gens, écrit James, pour qui rien ne se perd. » J'écris pour célébrer l'orage, celui du ciel de ce soir, celui qui grandit en moi, tous les orages du monde dont on espère qu'ils nous délivreront de nos tensions, qu'on dit insoutenables. Mais on soutient tout, toujours, orgueilleux et plus forts que nos tourments. J'écris pour que rien ne se perde, de tous les actes d'une journée, importants et insignifiants, à la fois matière à toucher Dieu, ou bien le vrai, tentatives d'ouvrir l'œil, parfois le bon. J'écris avec une gravité songeuse, une tendresse inconnue, embusquée, sur le qui-vive, l'espoir d'aimer les hommes, en les comprenant, en les montrant comme je les vois. Il m'arrive d'écrire comme on jette un cri dans la tempête, ou dans la forêt en feu. La chatte grimpe sur la table et se couche sur ma page, les yeux pleins de cette « haine tranquille du style », et pose la patte sur ma main. Je la caresse, l'énerve, la calme, guéri, tout à coup, de mon méchant désir de tout envoyer à l'eau. J'écris, accoutumé d'écrire, accoutumé aux orages comme aux lumières endormeuses, au grand vent qui bat dans ma poitrine, toujours.

Ça y est, un éclair fend le ciel et illumine la pluie qui commence à tomber. J'écris parce que je vois tout ça, l'égratignure brillante de l'éclair, les traînées fantomatiques de la pluie, les prunelles martyrisées de la chatte, les têtes des arbres, fortement remuées par les coups de vent dramatiques, belles comme des chevelures d'amoureux passionnés. J'écris pour déflorer mes désirs, moissonner mes ardeurs, bien que parfois je trace les mots comme on se jette dans la rivière, une pierre au cou. Un gros fracas ébranle la maison et le ciel s'allume puis s'éteint, montrant vite une sorte d'abîme pâle, très beau, et qui épouvante. Le faîte du peuplier a l'air d'un saint gothique au sommet d'une cathédrale, dans cette lueur violente et courte. Peut-on avoir peur malgré soi ? Je frissonne d'une terreur que j'imagine, et parfois ces sortes d'élans-là, irréels et plus vrais que nature, me font écrire toute une scène, où je suis sans y être, dont je suis plus sûr que de tout ce qui m'entoure, pendant que j'allonge les mots. Je savoure alors cette espèce de puissance « scélérate et défendue », l'orgueilleux brûlement du dieu païen qui crée, dans un mirage confus, où s'égarent ses espérances et ses peurs. J'écris parfois pour me délester d'un poids de désastre, inconnu, inconnaissable — oh, l'éclair allume ma page, la transforme en épître de conte magique ! Oui, j'écris, de temps en temps, comme on se réveille d'un cauchemar, où l'on a bien failli continuer pour toujours de vivre, ensorcelé et impuissant. Alors j'écris en survivant fiévreux, inquiet, soulagé et incertain.

Finalement, c'est un semblant d'orage, une furie lointaine et qui est passée très haut et très vite au-dessus de la vallée. Des lueurs muettes incendient encore les gros nuages noirs au ventre blanc, des baleines échouées en l'air. La pluie s'est arrêtée aussi, et le vent est mort. C'est comme lorsque j'entreprends d'écrire, sûr d'un déchaînement qui pourtant ne vient pas, et que je m'arrête, essoufflé, et jette la page dans le feu. Peine perdue ? Comment savoir ? Je n'écrirai pas bien demain si je ne consens pas à avoir mal écrit aujourd'hui. Certaines pages ne méritent pas mieux que le feu, et c'est déjà beau de les voir flamber, il y a de l'espérance mêlée à la honte, dans ces flambées-là. On brûle ses traces, de vieilles lettres mort-nées, des égarements passionnés et malheureux. Et puis on attend, on sait qu'on recommencera ; on avance dans l'écriture en disant « oui » ou « non », jamais « peut-être ». C'est ça, ou ça ne l'est pas, et j'allonge joyeusement le bras, ma feuille dans le poing, vers les flammes qui l'attrapent, avec ce gros besoin sifflant d'avaler le bon comme le mauvais, que fait entendre le feu, toujours. Et je reste un moment, chauffé par cet embrasement-là, spectre dans la lueur rouge d'une destruction qui me fera plus fort, tout à l'heure, demain, la semaine prochaine. Quelquefois, je fais un ou deux pas de danse, dans le rougeoiement de mon incendie ravageur, sauvage recueilli et gesticulant la beauté terrible de son sacrifice, mon « désir demeuré désir », comme l'écrit René Char.

J'aime bien Christian Bobin aussi, quand il écrit : « Écrire… c'est perdre ce qu'on est au profit de ce qu'on voit. On écrit parce qu'on a une maladie de peau, parce qu'on s'aperçoit qu'on est venu au monde sans peau et que le plus léger contact entraîne des résonances du songe et brûle un nerf obscur. » Comme lui, je réclame « la liberté de me métamorphoser sans cesse, d'être infidèle à moi-même pour mieux rester fidèle à la vie dans ma vie ». Comme lui, je crois que « personne ne peut vivre une seconde sans espérer ». Comme lui, je m'écrie souvent : « la vie me comble d'être aussi parfaitement menacée. Le déchirement me donne joie et rire. »

Il n'y a pas eu d'orage, juste une menace. Il fait déjà nuit noire. Je mets le chien et la chatte dehors et monte me coucher. Bobin, encore :

« Tous les poètes ont ce savoir du périssable merveilleux… Je crois que c'est ça un artiste. Je crois que c'est quelqu'un qui a son corps ici et son âme là-bas, et qui cherche à remplir l'espace entre les deux en y jetant de la peinture, de l'encre ou même du silence… »

Au lit !

* * *

La mi-juin, cette année, a des allures de plein été. Tout a avancé si vite ! Les têtes de lys m'arrivent à la taille, et déjà les grands monarques jaunes survolent les hémérocalles, où ils paraissent une excroissance fantaisiste de la corolle safran. Je suis complètement attrapé par le livre de Jonathan Weiner — *The Beak of the Finch* — où j'apprends, le cœur battant et les yeux grands ouverts sur les pages (comme ceux des héros de son livre, monsieur et madame Grant, aux îles Galapagos, observant et mesurant les becs de leurs chardonnerets), qu'on peut aujourd'hui constater, à l'œil nu, le mécanisme stupéfiant de la sélection naturelle chère à Darwin. Tout à coup, je lève les yeux sur un grand papillon voltigeant follement contre la moustiquaire de la fenêtre. Il grimpe vitement, ouvrant et fermant ses ailes, affolé, alors qu'il n'est pas prisonnier du tout, tout l'air du jardin est à lui. La moustiquaire a-t-elle un goût de géranium ou de fleur d'amélanchier ? Je lâche mon livre, fasciné par les remuements désordonnés du monarque, et m'approche de la fenêtre. J'aperçois alors ses pattes à ventouses qui agrippent le treillis de nylon avec une espèce de frénésie inquiète et joyeuse. Et, je ne rêve pas, j'entends le grand papillon haleter ! Un petit sifflement saccadé, pareil au chuintement du chat qui a chaud, mais en beaucoup plus faible, presque inaudible. Je m'approche encore — apparemment ma présence ne le distrait pas le moins du monde de son ébat passionné. Oui, je sens une passion, l'ardeur gaie et douloureuse à la fois d'une exploration extraordinaire, dans le vagabondage vibrant du monarque, de haut en bas, de long en large, sur la moustiquaire.

Une sorte de joie tragique, irrépressible le possède. Le bonheur effrayant d'être pris dans un beau piège qui ne fait pas trop mal, peut-être, cette sorte de volupté très étrange, violente et inconnue, qui vous rend captif d'un mirage, d'une illusion chatoyante et dangereuse. Je sympathise avec le grand papillon qui souffre et s'amuse sur la moustiquaire. Il bat maintenant furieusement ses ailes, les frappe l'une contre l'autre, et j'aperçois bientôt une, puis une autre petite éclisse de pattes que, dans son plaisir fou, il se laisse arracher par le treillis. Maintenant, il a mal, c'est sûr, mais il continue, absolument enjôlé. Les ailes commencent à se déchirer et le chuintement s'intensifie. Je donne une pichenette dans la moustiquaire et le papillon se décroche et volette un moment, comme soûlé, misérable et désenchanté, au-dessus des lys, puis zigzague gauchement vers les hautes tiges de mil, en bordure du champ.

La moustiquaire, un manège, un grand jeu dangereux, un piège voluptueux et mortel. En est-il autrement de ce qu'on appelle nos aventures, nos exploits, nos vices ? Ces errements épouvantables et passionnés qui nous font battre le cœur et nous meurtrissent, ces incartades en zones superbement terrifiantes, abîmes où le désir nous jette, flancs de montagne abrupts où s'accrochent amoureusement les grimpeurs, fusées où s'entassent, avec un effrayant bonheur de curiosité, les astronautes fous, terrains vagues où vont s'aimer jusqu'au martyre les grands solitaires obsédés. Notre passion est celle du monarque dans la moustiquaire : on y perd des bouts d'ailes, des bouts de pattes, mais — abîme promis, abîme donné —, on y retourne, comme des drogués.

Et moi, je reviens à Jonathan Weiner — je vais du papillon aux chardonnerets, comme on dit « du coq à l'âne » — et à son livre extraordinaire. Peter et Rosemary Grant, ensuite Peter Boag, la famille Abott et puis Trevor Price, tous ces savants ont campé sur la lave durcie, inhospitalière, de l'île Daphne Major (Galapagos), passionnément occupés à mesurer le bec des chardonnerets, pendant plus de dix ans, sous le soleil cuisant. Difficile de rendre vitement compte de leur mystérieuse quête

— il faut lire en long et en large ce beau récit de leurs observations forcenées —, mais, en gros, il s'agit, pour tous ces scientifiques darwiniens, de démontrer le mécanisme stupéfiant de la sélection naturelle, jusqu'alors étudié d'après des fossiles, *in the flesh*, ou pour ainsi dire à vue d'œil. Et ils y arrivent ! Par essais, tâtonnements, et surtout par hasard, comme se font souvent les plus grandes découvertes. Telle espèce meurt, telle autre survit, *pourquoi* ? C'est, bien sûr, la question de départ de ces chercheurs timbrés. Les chardonnerets de l'île sauvage des Galapagos, comme les poissons *guppies* de John Endler, dans les cascades du Venezuela, nous apprennent que ce qui fait la différence entre la vie et la mort tient parfois à une infinitésimale variation du processus d'évolution, en l'occurrence la longueur, la grosseur et la profondeur du bec des chardonnerets aux Galapagos et les taches de couleur sur le flanc des poissons, dans les chutes de l'île Margarita. (La ferveur de l'aventure scientifique, avec ces longs temps morts, pendant lesquels les savants, comme l'écrit Weiner, halètent au soleil brûlant, lisent et relisent leurs notes, attendent, et ces frénétiques périodes de chance pendant lesquelles tout arrive trop vite, est un apostolat maboul et qui pourtant rend jaloux, à lire, justement, la sainteté et la folie de leur passion.) Je mets ici quelques phrases de Weiner, qui convient à la fois à l'émerveillement et à cette frousse presque physique d'habiter depuis toujours et pour toujours un univers inachevé et mystérieux :

« Even death is a seed. » — « Just staying alive from one life-stage to the next is a full-time job. » — « Every bullfrog calling in the night is in the dangerous spot of Romeo calling out beneath the balcony of the house of Capulet. » — « Each generation is a sort of palimpsest, a canvas that is painted over and over by the hand of natural selection, each time a little differently. » — « For all species, including our own, the true figure of life is a perching bird, a passerine alert and nervous in every part, ready to dart off in an instant. Life is always poised for flight. »

> *La mort elle-même est une graine de semence. — Le simple fait de rester vivant, d'une métamorphose à l'autre, est un travail à plein temps. — Le ouaouaron qui appelle au cœur de la nuit s'expose au danger, tout comme Roméo sous le balcon des Capulet. — Chaque génération est une sorte de palimpseste, une toile sur laquelle peint et repeint sans cesse la main du grand artiste qu'est le processus de sélection naturelle, à grands traits toujours changeants. — Pour chaque espèce, y compris la nôtre, la vie ressemble à un oiseau perché, aux aguets et agité, prêt à décoller à tout moment. Vivre, c'est se tenir constamment prêt à décoller.*

Chaque instant d'une vie est « poised for flight ». Chacun est cet oiseau perché, qui peut détaler par en haut ou par en bas, animé par un instinct, ou plutôt par un désir qu'il ne comprend pas toujours. Toutes les chances et toutes les malchances sont de notre côté, et si nous agissons aveuglément, à quoi sommes-nous donc aveugles ? Au passé, à nos traces, à nos certitudes. Nous sommes pour ainsi dire « programmés » pour chercher et trouver. Nous mourons dès que cessent nos fouilles harassantes, dès que la passion de voir, plus haut, plus loin, nous déserte.

« Natural selection is both beautiful and terrible, an agent of creation and destruction, like the flaming sword at the gates of Eden, wich turned every way, to keep the way of the tree of life. »

> *Le processus de la sélection naturelle est à la fois magnifique et effrayant. Il est en même temps facteur d'éclosion et cause de destruction. Il ressemble à l'épée de feu, aux portes du Paradis, qui protégeait de ses tourbillons enflammés l'arbre du bien et du mal.*

Weiner démontre, dans son livre, que ce qui crée les espèces différentes, ces variations apparemment hasardeuses, c'est précisément la ressemblance périlleuse des créatures habitant un même environnement, où la nourriture est limitée. Les chardonnerets mangent tous des graines, les mêmes graines. Mais les graines viennent à manquer. Alors un chardonneret (celui des cactus, par exemple) « grossira » son bec pour pouvoir craquer et manger des graines plus grosses, ou bien, au contraire, l'effilera pour attraper des graines plus petites, bousculé, hâté dans sa métamorphose par la rareté des proies, la pression du milieu naturel. La femelle chardonneret, lors des amours, manifestera sa préférence à « l'oiseau qui change » et ainsi la transformation aura lieu. La mutation s'opérera par nécessité, besoin d'harmonie avec ses semblables : se différencier pour pouvoir continuer à vivre ensemble, dans un même territoire où le sort (Dieu) vous a placé. Voilà la grande découverte, que Darwin avait sur le bout de la langue, et qu'ont mise à jour ses successeurs, équipés d'appareils beaucoup plus sophistiqués et munis d'un courage et d'une détermination inspirés par le grand maître. Nous devenons différents parce qu'il est périlleux d'être semblables !

« The borders between species are continually tested and redefined by the outcome of each member of each generation's luck in love. »

Les frontières entre les espèces sont constamment bardassées et redéfinies par les succès ou les insuccès amoureux de chaque individu de chacune des générations.

Et l'amour nous porte, toujours, naturellement, vers l'être mutant, celui ou celle qui fera notre avenir et celui du monde ! L'éloge de la différence, la nature le clame sans cesse ! Pour notre survie !

« We are exquisitely sensitive to one another's features, and they can be more fateful than we dream… »

Chaque individu possède, ou souffre de ne pas posséder, certains divins attraits, dont dépend souvent sa survie.

Et je rêve, en effet, nous rêvons tous, d'être changés par l'amour. Pour notre survie. C'est… bien naturel !

* * *

Comme le cœur est difficile à apaiser. Nous luttons sans cesse, même au repos. Mille batailles secrètes sont gagnées, perdues, parties nulles, tour à tour, dans le mystère du corps, celui du cœur, le mystère entier de l'être entier. Il vente très fort, aujourd'hui. Les arbres luttent, résistent, plient, n'ont pas une seconde de repos. Les arbres obéissent, luttent en obéissant. En moi, toujours, souffle ce grand vent qui brasse mes songes, mes pauvres certitudes, les pièces pêle-mêle de ce misérable attirail sonnant creux que j'ai au fond du cœur, où tout est bringuebalé et que, parfois, l'amour tranquillise et ordonne un peu. Mon désir, ma curiosité sont infinis. Mon aveuglement et ma stupeur aussi, comme de raison. Combat où je suis davantage le champ de bataille que le combattant, que le vainqueur ou le vaincu. Nous sommes le lieu de tant de guerres, de conquêtes, de massacres, de victoires, inaperçus. Nous sommes infiniment vivants, inquiets, heureux, sans le savoir, sans comprendre. Parfois, on croit apercevoir des lueurs dans les branches, un morceau de ciel fait pour nous. Nous sommes le lieu de l'espérance et du doute, l'arbre dans le vent, le chardonneret des îles Galapagos, toujours en train de changer de bec, parce que toujours change la grosseur des graines. Pourquoi rêvons-nous de repos, de tranquillité, de paix? Ces accalmies nous perdraient. La mort n'est pas désirable, puisqu'elle ne sera pas paix, elle non plus, j'en suis sûr. Pourquoi cesserions-nous de nous transformer? Qu'est-ce qui s'arrête, jamais? Rien, personne, ni même Dieu. L'univers marche en avant, en arrière, de côté, à toute allure. Nous sommes le lieu du mouvement, du tâtonnement vertigineux, de l'essai passionné. Nous sommes le papillon dans la moustiquaire, le rat musqué et le fusil, la chatte et l'oiseau, les livres et les yeux, l'amour et son contraire — la grande frousse de sortir de soi —, le fruit et la bouche, la naissance mourante, la mort naissante : nous sommes transitoires et vibrants. Et le mal, ce qu'on appelle le mal, c'est peut-être simplement l'immobilité, ce désir d'arrêter, d'arrêter le temps, l'espace, les métamorphoses. Le mal, c'est peut-être ce misérable désir de sortir du rythme, de faire chambre close à part, de mener notre vie, et rien que la nôtre, branche toute seule, déprise du vent de tumulte. Une seule branche, moi, qui ne veut plus battre avec les autres, mon destin de fouet révolté, de malmené qui aimerait tout décider. Le mal, c'est peut-être l'impatience, tout simplement.

Ayant le cœur venteux, aujourd'hui, je retombe en Yourcenarie, naturellement, où souffle toujours une grande brise, dès qu'on ouvre n'importe lequel des livres de la grande romancière. J'ouvre donc, au hasard, et lis : « … cette combustion que nous appelons la vie ». — « En vain Zénon lui rappelait que les astres inclinent nos destinées, mais n'en décident pas, et qu'aussi fort, aussi mystérieux, réglant notre vie, obéissant à des lois plus compliquées que les nôtres, est cet astre rouge qui palpite dans la nuit du corps, suspendu dans sa cage d'os et de chair. » — « Le tracé d'une vie humaine est aussi complexe que l'image d'une galaxie. » — « Tout grand amour est un jardin entouré de murailles. » — « Rien n'est plus lent que la véritable naissance d'un homme. » — « La passion comblée a son innocence, presque aussi fragile que toute autre. » — « Lutter est un jeu, vivre est un jeu, mourir est un jeu : perte et gain ne sont que des différences passagères mais le jeu réclame toutes nos forces, et le sort pour mise n'accepte que nos cœurs. »

Nous avons travaillé dans le jardin, nous nous sommes baignés, le soir est descendu sans qu'on s'en aperçoive. Nous mangeons, à la lueur de la chandelle, nous parlons — pas beaucoup — puis nous ressortons. La nuit est tiède et il souffle une brise de soie, un petit vent de bord de mer, qui sent la pivoine et le sable. Au-dessus du lac, mille courtes lumières clignotent. Les mouches à feu s'ébattent dans l'air, allument prestement l'eau, les grandes herbes, une branche. Des lueurs pareilles à des scintillements d'étoiles, d'un vert doré, mouvantes comètes, papillonnants petits astres autour de nous. On reste longtemps à suivre leurs virevoltes de feux follets, à répéter notre éblouissement tranquille, à respirer largement cette belle nuit d'été. Vivre nous use, bien sûr, mais ne nous ôte pas le privilège tout simple, inespéré, d'admirer. Nous restons longtemps dehors, n'avons pas du tout envie de rentrer, de monter dormir. Le chien fait le mort dans l'herbe, les quatre fers en l'air, et la chatte rôde, repte, sinue, joue au tigre dans une belle brousse effrayante, qui n'est que notre jardin. Un éclair de chaleur révèle la longue étendue du bois, mystérieuse et piquetée de brillances qui bougent. On dirait un soir de conte, une grande nuit de féerie, abritant d'inconcevables mutations. Nous filons avec la terre dans un espace noir et infini, où passent des morceaux d'astres en fusion. Nous ressentons cette dérive interstellaire, très fortement. Et aussi notre présence insignifiante et éblouie, dans un carré d'herbes illuminées, notre fragile existence de témoins emportés.

Puis nos corps, fatigués de leurs efforts, mais aussi de leur émerveillement, comme soûlés, rêvent de creuser leur poids, d'abandonner leur pesanteur d'astres tombés dans des draps frais — descendre, descendre tout au fond du repos, comme au creux d'un lac, en se tenant la main comme deux amants noyés…

* * *

Un gros désir de fiction, d'un personnage, d'un décor, du théâtre d'une histoire, me taraude. Je hante le jardin avec l'étincelle de ce désir-là, que je protège du vent de mes deux mains, comme une flamme sacrée. Je vois une côte, une maison, un enfant, qui ne sait pas parler. J'entends le vent dans les pins, de chaque côté de la route qui grimpe la côte. Je sais qu'il s'appelle Guillaume Blanc, l'enfant, et qu'il sait le destin des autres, lit des histoires pour se distraire de ses envoûtantes clairvoyances, mange des framboises, se tape les bras et les cuisses, pour écraser les maringouins qui le dévorent, dans le sous-bois, derrière la maison, où Guillaume va chaque jour rêver, et surtout souffrir de trop connaître le monde. Je ne vois rien d'autre, et ne verrai sans doute rien de plus si je n'écris pas ce commencement-là. Mais il fait si chaud, si doux, c'est le plein été et nous sommes réunis, ici, pour fêter la canicule, bienheureusement pâtir de la chaleur et nous lancer à l'eau vingt fois par jour. Pourtant, le petit garçon est là, il attend, il m'attend, il fait un peu pitié dans sa demi-existence de fantôme apparu pour rien. M'attendra-t-il ?

J'ouvre un cahier. J'y note quelques phrases. J'espère ainsi le faire patienter, le renvoyer doucement à ses framboises ou à ses livres. Je suis un peu rassuré par ces dix mots jetés sur une feuille blanche, le commencement de sa vie, ou plutôt de la révélation de sa vie. D'où m'arrive-t-il ? Comment et pourquoi est-il venu jusqu'à moi ? Dans quel but, poussé par quelle misère, quelle espérance ? Comment m'a-t-il trouvé, parmi les mystères et les chemins mêlés, à travers le temps si grand et l'espace où chacun se perd ? Que vient-il faire dans notre jardin, au cœur du langoureux été où je paresse si bien ?

C'est peut-être moi qui ai besoin de lui, sans le savoir ? Peut-être vient-il à mon secours, endure-t-il un tourment pour moi, à ma place, peut-être est-il venu pour me sauver d'un danger encore inconnu ? Je ne saurai rien avant d'avoir lâché le crayon sur la page, abandonné et attentif, sur ses traces.

Si, demain, Guillaume est toujours là, sous les pins, à l'orée du sous-bois, en culottes courtes et chemisette blanche, son seau à demi rempli de framboises dans le coude du bras, et ses grands yeux pleins de douloureux savoir et d'une espérance effrayante, je le tirerai de ce côté-ci du mystère, et on verra bien. Pour l'instant, à l'eau, au soleil, à la chaude paresse de l'après-midi brûlant !

* * *

Le plein été sec, la soif et l'eau, un bonheur exténuant et qui dure depuis vingt jours, sans discontinuer. J'ai vu grouiller lentement les truites de trois lacs de montagne, d'où j'arrive, content, le corps réveillé comme jamais, et les bras et les cuisses troués comme ceux d'un grand drogué, par les brûlots infernaux. J'ai vu le tétras et l'aigle à tête blanche, le huart curieux dont le cri vous fend le cœur, des traces fraîches de sabots d'orignal, qu'on a fait détaler avec nos grands bruits de sauvages inapprivoisés. J'ai humé l'air sapineux des hauteurs, la gentiane de roche et le sable mouillé où la pluie a encore le goût du ciel, de la foudre et du jonc frais. J'ai ri pour mourir, de nos maladresses, à Claude et à moi, de nos sortilèges de fous lâchés dans le bois. Nous avons passé huit heures d'affilée sur un radeau qui glissait lentement sur une huile d'argent où les arbres à l'envers étaient plus immobiles encore que nous deux. Ces contentements-là se racontent mal. Nous étions dans un grand rêve furieux et doux, au fond duquel se débat peut-être une imagination de gens qui lui refusent un essor quotidien ?... Lumières des lacs, des ciels tombés dans leurs miroirs, reptations dans l'herbe mouillée, longs ébats d'une joie violente où l'on retrouve l'ancien guerrier, l'ancien chasseur, le néolithique névralgique, le doux monstre sorti du dédale. Ce fut une exceptionnelle félicité d'air et d'eau, de soleil et de mouches féroces, de rires et de quelques truites molles, qui pesaient comme des roches, au bout du fil, et qu'on a mangées sans leur ôter la tête, dans des jus savoureux.

Au retour, nous avons traversé l'infinie forêt sous des éclairages dramatiques, traversant déserts et oasis, d'un vert de printemps, un arc-en-ciel dont un pied touchait la voiture et l'autre une montagne, des orages effrayants et brefs comme des coups de canon, des brumes où l'on perdait tout sauf vingt pieds de chemin devant nous, des éclaircies radieuses où volaient des oiseaux et des avions, et toujours nous riions et n'en revenions pas, ne voulions pas revenir de notre plaisir mistassinin, de notre hâblerie des grands bois.

Ici, je retrouve le pays sec, aride, l'herbe qui craque sous nos pieds, et toujours ce grand ciel bardassé de nuages qui ne font rien, ne se décident pas à gronder, à lâcher sur nous, sur la terre et dans les puits qui en ont grand besoin, grand désir, leur eau précieuse. J'ouvre Giono — je n'ai pas feuilleté un seul livre, durant ces cinq jours dans le camp —, et je trouve ceci, qui me fait cérémonie de bienvenue et signe de me replonger dans mon écrit pêle-mêle. C'est Jean Carrière, cette fois, son jeune ami, et qui devint un écrivain à son tour, et un bon, qui questionne Giono. Tout ce dont ces deux lascars-là causent est passionnant, d'un bout à l'autre, et j'y reviendrai, c'est sûr. Mais, ce matin, devant mes champs, que je retrouve, et dont je sais que je suis seul à les connaître et à les aimer à ma façon — même tout secs et jaunes comme en octobre —, j'ai besoin de retrouver précisément ce dithyrambe extravagant et clair de Giono, à propos du champ de blé de Van Gogh. Ça va comme ça :

« Montre le champ de blé de Van Gogh au propriétaire, il ne reconnaîtra pas son champ de blé. Montre-le au bourgeois, il ne reconnaîtra pas l'objet qui lui a donné le plaisir qu'il a pris en se promenant autour du champ de blé le dimanche après-midi, quant à l'économiste distingué, il s'en foutra totalement, tu comprends.

« [...] Parce que Van Gogh a pris le champ de blé, il s'y est rajouté, et puis il a transformé le tout en une espèce d'autre chose qui est devenue le champ de blé de Van Gogh. »

C'est la réponse que je ferais, sans en changer un mot, à quiconque me demanderait pourquoi j'écris « poétiquement ».

Guillaume, le petit garçon dans les framboisiers, n'est pas revenu. Où donc s'en est-il allé ? Reviendra-t-il, traînant sa talle de framboisiers et sa maison décolorée après lui ?

Je retourne à l'eau. Mon lac de Van Gogh, qui n'est plus qu'une mare sous l'ardent, le cruel, le trop chaud soleil...

* * *

La fin du mois d'août déjà, enfin. Déjà, parce que l'été dure si peu qu'il demeure un désir fait pour endurer l'hiver. Enfin, parce que juillet m'alanguit et que je ne suis bon à rien d'autre qu'à paresser, m'étioler, brunir, brûler et sauter dans l'eau, bon à rien pour l'attention, l'écriture, la ferveur. Juillet pour moi c'est comme le soleil de la Provence pour Giono : il me distrait épouvantablement, me sort trop du piège, où vivre est une grâce en même temps qu'un danger. J'existe végétalement, comme le géranium sur le bord de la fenêtre, dans une torpeur de lumière et de chaleur, engourdi, heureux avec une certaine inquiétude, mystérieuse, trop florissant pour m'en faire, pas assez abasourdi pour oublier, trop endormi pour me remettre à l'affût. J'ai écrit deux histoires, dans un émoi intermittent, une ardeur courte de chat qui chasse une heure et dort sur une chaise, à l'ombre, jusqu'au soir. Hanté vitement puis aussitôt redonné à l'écrasant soleil, délivré, désenchanté, estival.

Ce matin, pourtant, déjà, enfin, avec la lumière oblique, presque liquide, infinie et sans âge, couchante, cette clarté du bout du mois d'août, comme un chasseur qui sent venir l'automne giboyeux, je retrouve un bon énervement braconnier, mon désir de cache et d'embuscade, et la certitude me revient qu'il me faudra à nouveau chercher, peut-être trouver, regarder partout, épier les signes d'une métamorphose, le passage formidable et mortel de la belle saison à la chute — *fall*, disent les Anglais ! —, septembre, octobre, le beau temps dramatique, la lumière entre les arbres comme une chose vivante et blessée.

Et puis l'été m'oblige à tout regarder en face, alors qu'on ne voit bien, qu'on ne surprend bien les mystères qu'en les regardant de côté, du coin de l'œil. Je ne suis attentif qu'en épiant. Mon regard, je le lance n'importe où, comme le rayon d'une lampe qui s'en va scruter la nuit. Hier soir, j'ai aperçu, dans le halo flou, poudreux, alentour du faisceau de la lampe de poche, un grand sphinx que je lorgnais en détail sans tourner l'œil vers lui. J'ai bien vu ses antennes qui tournaient, son ventre qui se tordait, ses gros yeux luisants qu'hypnotisait la clarté blanche. Et, ce matin, j'ai espionné la sauterelle dans l'herbe. Je regardais les phlox du jardin, détaillais les tiges, mais mon attention était de côté, surprenait la reptation maladroite de l'insecte sur une feuille, dans la lumière ambrée. Je voyais bien — sans les regarder ! — ses mandibules déchirer la chlorophylle, j'entendais bien — sans l'écouter ! — le froissement de carton qu'on arrache de sa mastication, et j'ai surpris la naissance de l'huile noire, sous la sauterelle, cette trace de mélasse qu'elle a laissée sur la feuille, « donne-moi du miel ou je te tue »... Ne pas regarder mais voir, ne pas scruter mais apercevoir. Et quand j'ai fait ça avec la sauterelle, j'ai su que ma passion recommençait, mon regard libre de trouveur qui ne cherche pas, de distrait qui découvre. C'est comme pour les phrases, dans les bons livres. Soudain, on ne voit plus les mots, on les lit sans les épeler, on voit, on ressent, on est entré sans le savoir, sans le vouloir, sans comprendre, sous les mots, comme on descend sous l'eau pour apercevoir tout le grand corps transparent, diamantaire et glauque, de l'iceberg. L'auteur nous a tirés dans son monde, on voit comme lui, on est chez lui, on vit sa vie, on voit avec ses yeux, son âme, on ne lit plus, on est lu. C'est cette perspicacité-là, celle-là seule, qui m'intéresse, qui m'est nécessaire. Et l'automne qui vient me la redonne, je suis de nouveau en quête, je vais encore surprendre des transformations, des vies, d'ordinaire inaperçues, voir le jaseur des cèdres, peut-être, comme l'an dernier, se laver en se frottant aux feuilles mouillées du merisier, compter les outardes dans le ciel et m'arrêter après cinq cent trente-neuf, éberlué et plus curieux d'elles encore de les avoir dénombrées, ma curiosité comme un crayon affilé des deux bouts. Voir comme on lit, quand le livre est vraiment écrit. Voir comme je lis Giono, que je traverse encore, ce matin, sans en voir le fond, toujours sur le point de me révéler tout de la vie : « L'odeur des mousses se leva de son nid et élargit ses belles ailes d'anis. Une pie craqua en dormant comme une pomme de pin qu'on écrase. Une chouette de coton passa en silence, elle se posa dans le pin, elle alluma ses yeux. Dans un silence l'odeur du fleuve monta. Ça sentait le poisson et la boue... » Oui, voir comme on lit. Comme j'ai lu Rick Bass, ce matin, avant d'écrire, et qui parlait de cette femme qui nage (qui est comme Antonio dans le fleuve, dans la Durance, mais, elle, en plein cœur du Montana, dans la rivière Sacandaga) : « She would grasp a handful of the weeds and hold on while the cold river pushed against her, cleaning her. » Voir comme on lit, lire comme on voit : « C'est à

> Bien accrochée à une poignée d'herbes, elle laissait l'eau froide de la rivière la caresser et la purifier.

partir du moment où il (Antonio) avait eu son ventre et sa poitrine pleins de souvenirs de villages, de femmes et de terres d'aval qu'il était devenu "Bouche d'or". » Et puis la sauterelle que j'ai aperçue dans l'herbe, industrieuse et lente, ma contemplation déprise de ses langueurs de juillet, une renaissance, encore...

Les corneilles forment des « Noces » et croassent aux nuages. Rassemblées en désordre, au-dessus des pins, elles filent vers les ormes morts au fond du bois. Procession de deuil joyeux, et je vois luire leurs plumes vernissées, en regardant de côté, toujours, l'œil fixé sur un gros nuage, du gris incertain de la taupe, avant l'hiver.

Bass écrit : « ... everything over too soon, and somehow, too, everything just beginning ». Il parle pour moi, il raconte mon été qui s'achève, mon automne qui commence, le temps qui recommence à battre, mon nouveau bonheur, celui de me fusionner, de voir, cette espèce de rêve de la réalité où je suis à nouveau entré, les yeux grands ouverts et le cœur cognant.

Tout s'achève si vite et pourtant tout ne fait que commencer.

* * *

La nuit est bleue et on voit toutes les étoiles, plus distinctement que des cailloux au creux d'un ruisseau clair. Au bruit de l'arroseuse, dans le verger voisin, répond le cri de l'engoulevent, couché sur le toit de la grange. Je suis posté, véritable sentinelle qui, à la veille d'une bataille, scrute les champs, l'horizon, le ciel. Ma présence est discrète, mais ardente : un peu plus et je m'enflamme et saute dans la nuit, où je laisserai, moi aussi, une trace brillante, mon égratignure ignée d'étoile filante. « The line of words feels for cracks in the firmament »,

Les mots alignés montent et se glissent dans les brèches entre les galaxies.

écrit Annie Dillard. C'est ce que je crois : il y a des secrets à surprendre, la grande marche turbulente et tranquille de l'univers, sa déambulation nuiteuse de gros animal qui se tourne dans son sommeil et libère l'herbe, des milliers d'insectes, et tant de désirs reprennent à l'immense air libre. J'écris pendant que l'univers tourne, que Castor et Pollux virent sur leurs flancs, qu'une lueur monte, qui n'est pas le matin encore, déjà, mais cette espèce d'incandescence de lait bleu, un clair de nuit, un gigantesque halo, une aurore boréale à la grandeur du ciel. J'imagine une navigation à peau nue, dans cette eau pâle qui coule dans la nuit sans fin, une sorte de descente galactique, bras et jambes écartés, une longue chute de côté, comme dans une rivière avec des cascades et des petits lacs, des remous et de grandes baies d'eau libre. J'écris mon désir d'abandon, mon besoin d'être emporté par une grande bête bienveillante, mon souhait d'enfant et d'adulte encore d'être enlevé dans les étoiles. Mon essentielle envie d'être partie vivante du mythe, de l'histoire inconnue, inconnaissable du monde, mon espérance d'être frôlé par des mystères, attendris par ma toute simple curiosité, comme les monstres apprivoisés des fables, qui vous laissent manger dans leurs paumes. Si vous savez bien chanter, toujours les monstres vous laissent manger dans leurs mains. Alors je chante, je turlute mes hymnes à l'infini inapprivoisé de l'univers.

C'est Flannery qui écrit : « Pour rendre l'émotion, il n'est pas nécessaire de l'avoir ressentie, il suffit de la contempler, ce qui ne signifie pas la comprendre, ou, si vous voulez, il s'agit de comprendre qu'on ne comprend pas... » Je comprends que je ne comprends pas la nuit, la dérive des astres, le chant flûté des grillons, le saupoudrement boréal de la voie lactée, ma propre présence hantée, sous le fleuve du ciel. Une nuit comme celle-ci, vieille et nouvelle, première, laissera ses traces d'étoiles filantes, avec des trous d'ombre, sur une âme que je ne suis pas sûr de posséder. Des cratères sombres et des lacs de lumière, comme sur la vieille face de la lune, des stigmates qui m'aident à croire, à espérer et à ne pas trop m'imaginer seul et fini.

Le chien lève le museau vers les étoiles, lui aussi. Peut-être flaire-t-il l'odeur de feu, de phosphore, de gaz brûlés des météores ? Soudain, il tourne sa grande tête vers moi et braque dans le mien son regard supérieur et très placide : « Tu ne sens rien, hein, petit nez ? » Je jappe. Il dresse les oreilles. Alors je prends ma voix pointue, celle qu'il ne reconnaît jamais, pour lui chanter : « Les petits chiens font lever le lièvre. Les grands l'attrapent ! »

Il ne me répond pas, ne me donne pas même un couinement d'exaspération ou d'assentiment. Il penche la tête, plonge dans les miens ses deux yeux obliques et plus noirs que la nuit. Alors j'ai pitié, je lui caresse le cou. Il ouvre grande la gueule pour un bâillement qui avale vingt étoiles et trois papillons et qui veut me signifier qu'il ne s'inquiète pas vraiment, jamais, de mes délires sopranos. C'est par compassion qu'il fait parfois mine d'être ahuri, pour me faire sentir qu'il écoute, lui.

Flannery dit aussi : « Il s'agit de se donner tout entier et de se dégager entièrement. » Arrangez-vous avec ça, que vous savez vrai, sans comprendre tout à fait, comme de raison. Et puis, elle ajoute — comme le chien baye après avoir fait le stupéfié — « je suis capable de m'attendre indéfiniment »...

J'aime Flannery, ma petite sœur malade de Milledgeville, Georgia. J'aime la nuit, les astres pâles maintenant, et le chien blanc, mon ami, assis à mon côté. Moi aussi, je suis capable de « m'attendre indéfiniment »...

* * *

J'ai laissé le chien dans la maison — il est trop fou, trop impatient, il gâcherait ma chasse — et je m'avance dans le sentier de « ravage » qui mène à la cédrière. Tous les cents pieds, des ronds d'herbe aplatie. Ils ont dormi dans le champ, la nuit dernière, ce matin encore ils étaient couchés ici, sous le saule, et ici, contre les deux buttes de marmottes. Je fais de grands pas immatériels d'ange dans l'herbe, qui ne bruit pas plus que de l'eau dérangée par les pattes du héron. Une perdrix décolle d'une touffe de cenelliers en faisant un vacarme de carton battu vitement par un bâton. Je m'accroupis et la vois détaler, passer au-dessus de moi, gagner les pins où je la perds dans l'étoilement moussu des branches basses. Je m'étends sur la couche de mil tapée et qui sent encore leur cuir chaud. Je sais qu'ils ne se couchent pas toujours pour se reposer mais pour économiser leur énergie, leur chaleur. Je fais comme eux, je ménage ma chaleur, roulé en boule dans l'herbe, sur leur lit. Hier, ils sont venus boire au lac, tout près de la maison. La trace de leurs sabots était très nette, ce matin, dans le sable mouillé. C'est alors que j'ai eu l'idée de prendre les champs, pour les apercevoir, les épier. Rien ne me passionne davantage que ces chasses sans fusil, où je capture leur grâce, leur beauté, la majesté fragile de leurs bonds dans la clairière. Alors ils m'émeuvent et me calment, leur sauvagerie tranquille m'apprivoise.

Je reste un bon moment couché, j'écoute les corneilles, les carouges chamailleurs, le bourdon des guêpes, le froissement sec des tiges. Je sais aussi que s'ils se remettent debout, ce n'est pas toujours pour se dégourdir les nerfs, mais parce que leur vision est plus grande quand ils se tiennent sur quatre pattes. Ils me détecteront, si je me lève. Le vent souffle du sud au nord, ils ne me sentent pas, je suis chanceux. Je me mets sur les genoux et rampe un peu dans une talle de verges d'or. Je fais un ordinaire et doux tapage de renard, pas plus. En levant la tête, soudain j'aperçois comme une guenille accrochée à la branche la plus basse d'un pommetier sauvage. C'est une mince lisière de velours, un lambeau d'andouiller et qui vole comme un reste de drapeau. Ils ne sont pas loin, je le sens. Les pomiculteurs ont clôturé leurs vergers, il ne leur reste donc que nos pommiers sauvages, et il y en a trente par ici. Je suis au bon endroit, à la bonne heure, j'en suis sûr. J'ai le cœur qui bat comme à la veille de connaître le visage d'un amour. Je sais qu'ils avalent les pommettes très vite, gloutonnement, comme des chenapans voleurs de pommes, et qu'ils vont dans les cèdres pour ruminer à l'abri. Je les verrai, je suis douloureusement énervé, mais je ne bouge pas, allongé dans l'herbe. Ma main droite touche quelque chose de mou et de mouillé. Je tourne la tête et aperçois l'empreinte du sabot fourchu et les deux traces des ongles. Je glisse les doigts doucement dans la boue, suis le contour oblong de la piste, me régale de l'onctuosité fraîche qui a gardé la forme claire et nette de l'élégant sabot. Aplati comme ça, dans l'herbe, à ras de terre, je suis le gnome dans l'effrayante et enthousiasmante familiarité des traces de l'ogre. J'ai une nature de lutin au pays des géants, mais moi, je ne rêve pas de dérober les bottes du monstre, pour faire sept lieues en imitant son pas de mastodonte : je ne veux que surprendre sa tranquille souveraineté, épier ses grands mouvements, beaux et épouvantables, saluer peureusement sa loyale supériorité de grand être libre. Il y a du Poucet en moi, c'est sûr, du Bilbo, du Gulliver. Je me sais tout petit, encore, vraiment tout petit. « I am interested in Alice mainly when she eats the cooky that makes her smaller », écrit Dillard.

Alice ne me captive vraiment que lorsqu'elle croque le biscuit destiné à la rapetisser.

Je rampe encore et débouche au bord du ruisseau. J'écarte très doucement le rideau de roseaux et tout de suite j'entends un bramement sourd et court. C'est un mâle, très haut sur pattes, avec de grands bois qui saignent dans l'eau. Il boit et piaffe et halète et brame férocement. Il s'est battu, il a perdu sa femelle, sans doute, se l'est fait enlever, peut-être, par un plus jeune. Il secoue le derrière, agite sa courte queue, piaffe encore, bat la boue du ruisseau de ses sabots de devant. Soudain, il dresse le cou, la tête. Les andouillers se profilent comme des branches sur le ciel blanc. Je n'ai pas remué, pourtant. Il a peut-être entendu le brame de son rival, ou celui, éploré ou indifférent, de la biche. Il piaffe plus méchamment encore et secoue sa grande tête princière. Je détaille le long museau souillé de boue, les oreilles couchées où remue un duvet pâle, comme si un campagnol bougeait, niché sur sa tête, les grands yeux longs où luit une superbe colère noire et dorée. Soudain il étire le cou et lâche une plainte qui me traverse, comme un cri d'enfant malade. On dirait qu'il pleure et piaffe et gémit une grosse douleur qui reste quand même prise en lui, et il piaffe encore et secoue la tête où les bois paraissent une couronne pour rien, une parure qui le déshonore et l'humilie de manière effrayante. Alors, pris d'une compassion absurde, je me lève, et fais de grands bruits de bottes et de roseaux cassés. Lentement, il tourne sa noble tête vers moi et me dévisage tranquillement, comme si j'étais un arbuste qui venait subitement de pousser du sol, sans plus. Il penche la tête, avec un air de supplication épouvantable à voir et brame encore. Je ne suis pas celui qu'il veut, ou plutôt celle qu'il désire, qui le tyrannise. Je ne l'intéresse pas, ne le dérange pas, ne l'effraie pas : je le déçois. Alors je descends dans le ruisseau, mais trop vite : cette fois il m'a bien vu, bien reconnu. Il remonte lourdement, secoue ses sabots englués de boue et pleure encore en s'enfonçant dans les branches. Je vois disparaître l'hermine blanche de son derrière, dans une talle de saules. Je ne sais pas bramer mais j'essaie et ne réussis qu'à gueuler un misérable pleurnichement de veau mordu par le chien. Alors j'entends bondir le chevreuil, distingue nettement son dos, ses bois rougis, suis son plongeon dans les épinettes.

Je reviens à mon lit d'herbe et me couche, endolori comme si on m'avait battu. Le majestueux chevreuil souffrait, à ciel ouvert, indifférent au témoin botté qui, tout à coup, le surprenait à pleurer dans l'eau. La peine, parfois, est beaucoup plus grande que l'orgueil. Il faut la lâcher, pleurer, crier, piaffer et goûter son sang dans l'eau du ruisseau…

Je reviens en courant, tombant dix fois, le pied attrapé par la gueule d'une tanière ou la bosse traître d'une souche. Rendu au lac, je plonge, tout habillé. Et je ris, dans l'eau, tout seul, comme le chevreuil dans la crique. Je ris d'une joie endolorie, d'une souffrance heureuse, d'un bonheur tragique, inexplicable. Et je prononce tout haut ce bout de phrase de Barry Lopez, qui dit quasiment ce que je ressens : « I went into the trees, wishing to cry for what had been lost, feeling how little I knew, how anxious I was, how young… »

Je me suis enfoncé dans le bois avec l'envie de pleurer sur tout ce que j'avais perdu, éberlué de me rendre compte à quel point j'étais ignorant, inquiet et abasourdi par tout le chemin qu'il me restait encore à faire.

* * *

La brume monte devant moi, j'avance dans le champ comme dans la fumée d'un grand feu d'herbes. Derrière moi, le lac est une longue barre d'argent solide, brillante comme de la glace. Ce matin, j'ai ôté, à la puise, la nappe d'algues mortes qui flottaient à la surface, comme des chevelures de créatures mortes, noyées, dans lesquelles étaient pris des têtards engourdis. Cet ouvrage-là m'a martyrisé les reins et maintenant je marche plié, comme un grand blessé qui fuit le champ de bataille. De temps en temps, un arbre aux feuilles déjà mortes, rouges, pétille dans une illumination de fin du monde, puis s'éteint derrière moi, comme de la braise mouillée. Karen Blixen écrit : « En incorporant à sa propre nature les forces obscures et dangereuses de la vie, l'homme les illumine et les transforme mystérieusement et les imprègne de suavité. Son oui est inconditionnel. » Mon oui est inconditionnel. Je suis un animal sauvage, un de ceux qui savent que le savoir ne met à l'abri de rien. Je ne cherche pas à être protégé, mais libre, mais complètement vivant, « créature minuscule dans cet alambic formidable de l'air, de la terre et des herbes, mais cependant ne faisant qu'un avec eux ». Et elle ajoute, l'Africaine danoise : « L'espace autour de moi était empreint d'une sorte de solennité douloureuse. » Je ressens cela, tout le temps, cette « solennité douloureuse », mon insignifiance incandescente dans la souveraineté du monde, mes yeux semblables à ceux des Swahili, « comme des colombes au bord du ruisseau ».

Au-dessus de moi roulent de gros nuages, du même vif-argent que l'eau du lac. Et je cherche mon image, parmi ces formes violentes et changeantes, je cherche mon âme envolée dans ces turbulences lumineuses et ouatées, qui se font et se défont, sur ma tête. Le chevreuil et moi sommes deux créatures sincères et indomptables. Les arbres et moi, le ciel et moi. J'éprouve chaque fois une surprise bouleversante et, en même temps, comme l'écrit Karen Blixen, « le sentiment d'un revoir ». Un brûlant désir nous anime, le chevreuil et moi, la forêt et moi : chaque particularité, chaque mouvement de la bête, de l'univers me sont chers.

Les hautes herbes trempées me lavent le visage, les mains, mouillent mon appareil photo, qui est mon fusil à moi. Ma chasse est une affaire d'amour, je suis épris des paysages et des bêtes que j'épie, je suis parmi eux comme un Roméo sous le balcon des Capulet. Je me souviens de chacun des chevreuils que j'ai rencontrés, à la mauve clarté du couchant, sous les pins, ou dans la neige, qui est une lumière aussi, une clarté répandue sur la terre.

Je ne le reverrai pas, aujourd'hui. Des nuées, épaisses comme de la boucane d'orties, sont accrochées aux branches. Un érable flambe devant moi, encerclé de brume, comme un feu dans sa fumée. Je m'assieds dans l'herbe mouillée, juste en dessous de l'arbre qui brûle, et j'écoute les feuilles-flammes qui sifflent. Dans ma besace, il y a deux livres. Celui de Karen Blixen (*Ombres sur la prairie*) et celui de Constantin Paoustovski (*La Rose d'or, Notes sur l'art d'écrire*). Mon gibier, mon butin, mon goûter. Je savoure les phrases de l'un et de l'autre, qui me tourmentent aussi joyeusement que me tourmenterait le bond du chevreuil, s'il venait à sortir du bois et à trotter devant moi. Je pique-nique de mots, encore, je me gave, pour le long hiver que sera chaque minute future, passée à oublier le monde vivant. Sous l'érable-torche, je lis et médite et écris, sans crayon ni papier. Blixen écrit : « Il est possible aux hommes de faire appel dans un élan de foi aux forces qui distinguent et qui organisent le monde. Elles répondront loyalement à leurs fidèles serviteurs et leur accorderont la plus haute sécurité à laquelle les êtres humains peuvent aspirer, c'est-à-dire la paix du cœur. » Je crois ça, je sais ça, et je suis ici, en ce moment, en rapport tendre et palpitant avec la formidable imagination de l'univers. Comme Blixen, je pose tranquillement la grande question, qui est sans réponse, et je la pose tout haut :

« Où étions-nous quand les étoiles du matin chantaient ensemble leur joie ? Savons-nous où les routes se séparent, où habite la lumière et où les ténèbres ont élu domicile ? »

Un geai traverse la brume et crie en passant. Je lève la tête et aperçois l'éclair bleu royal de son vol. Son cri perçant, épouvanté, est le point sous le signe d'interrogation : ma grande question est peut-être aussi la sienne ? Je reviens au livre, dont les pages humides sont comme des feuilles après la pluie entre mes doigts. L'eau du récit, la fluidité lumineuse des phrases. « En nous adoptant, les forces créatrices de l'univers nous ont une fois pour toutes libérés de toute initiative et ont supprimé notre responsabilité. Elles ne demandent de nous aucun engagement ; elles s'attendent à ce que nous acceptions leurs dons. » Comme c'est simple et vrai. Et aujourd'hui, j'en suis sûr, je le sais : la victoire souveraine consiste en une reddition inconditionnelle. La vie s'éveille autour de moi, toujours plus, et va venir à ma rencontre, dans toute sa réalité. Patience. Je suis, aujourd'hui, un disciple rompu et attentif. Je vibre et pourtant ne remue pas du tout. Je suis comme l'arbre au-dessus de moi, avec ses branches qui dansent sans bouger. Je vole sans effort, avec elles, assis tranquillement dans l'herbe.

Et puis je m'endors. Cinquante secondes ou dix minutes, je ne sais pas. Je rêve d'un arbre encore plus haut, plus beau, et je suis si petit, une fourmi entre ses racines. Je vois ce bleu lumineux où depuis toujours on m'attend. Un appel — le geai ?, une outarde qui vole bas ? — déchire cet azur-là et révèle une plus grande lumière encore. J'ouvre les yeux sur un ciel d'argent clair et j'écoute : c'est le geai qui pousse sa criaillerie d'alarme, du côté des pins.

Soudain ça caquette au-dessus de moi, comme si une gigantesque crécelle était secouée par un géant invisible. Et puis je les aperçois, les étourneaux, en grande noce, des centaines, un fleuve noir et pépiant. Ils s'ébattent dans les cenelliers, se posent bruyamment, par grosses grappes, sur les branches nues où brillent encore quelques fruits rouges, qu'on dirait recouverts de cire. Le champ résonne de leurs mille cris, une hystérie d'ailes et de becs, une grosse jaserie de retrouvailles, braillarde et stridulante. Puis ils décampent, dans une tourmente de plumes et s'enfoncent dans la brume. Je les vois disparaître, un à un, comme avalés par la fumée d'un brasier, où vont s'éteindre leurs grésillements. Je reste seul, incroyablement seul, comme déserté, dans l'herbe. Alors j'ouvre Paoustovski, feuillette ses *Notes sur l'art d'écrire,* je profite du silence extraordinaire du monde après le passage des oiseaux fous, pour m'instruire encore, jubiler d'apprendre encore.

« Chaque instant, chaque mot, chaque regard jetés au hasard, chaque pensée profonde ou badine, chaque tressaillement à peine perceptible du cœur humain, de même que le duvet aérien des peupliers ou le feu d'une étoile dans une flaque d'eau nocturne, sont des grains de poussière d'or… Il est étonnant que personne ne se soit donné la peine d'observer comment, de ces grains de poussière, naît le flot vivant de la littérature… »

Je me donne cette peine-là, depuis bientôt six mois, et n'ai pas même aperçu, encore, le commencement de la formation de cette rose d'or, ciselée à même les millions de paillettes fondues, recueillies une à une par les poètes, depuis qu'existent les mots. C'est que, comme l'écrit Paoustovski : « un appel ne convie jamais à une besogne de tout repos ». Il écrit encore : « Celui qui n'a pas ajouté à la vision de l'homme, ne serait-ce qu'un peu d'acuité, n'est pas un écrivain… La tâche de l'artiste est d'engendrer la joie… Percevoir la vie comme une perpétuelle nouveauté, voilà le terrain fertile sur lequel l'art s'épanouit et porte fruit… »

Je pose le livre sur ma cuisse, pages contre peau, et jongle un moment avec ma hantise, mon espérance d'engendrer la joie avec les mots. J'y tiens tellement, moi aussi, à trouver, comme disait Diderot, « de l'extraordinaire dans les faits courants et de la banalité dans l'extravagant ». À faire paraître le soleil plus chaud, l'herbe plus touffue, la pluie plus drue, le ciel plus foncé et chaque être humain passionnant à en mourir. À faire obstacle à la souffrance de toutes mes forces, de tout mon talent. À donner forme et couleur et odeur aux émois les plus indécis. « Seul peut être écrivain celui qui a quelque chose de nouveau, de significatif, d'intéressant à dire au monde ; celui qui perçoit beaucoup de choses inaperçues des autres... » Écrire, non pas parce que je me suis assigné ce but, mais parce que tout mon être l'exige. Paoustovski écrit encore : « Notre œuvre a un but : que la beauté de la terre, le pouvoir de l'intelligence, l'élan vers la lutte pour le bonheur, pour la joie et la liberté, prédominent sur les ténèbres et étincellent comme un soleil qui ne se coucherait jamais. » J'aime beaucoup « l'élan vers la lutte pour le bonheur ». Non pas l'élan vers le bonheur, mais vers la lutte pour le bonheur, l'élan vers le désir et non pas vers sa réalisation. Ce qui nous manque le plus, aujourd'hui, c'est le désir, la lutte pour le désir. Nous voulons être heureux sans le désirer, sans lutter. Nous n'aimons plus rêver et nous débattre. Nous voulons, exigeons, réclamons. Nous nous méfions de la tension et de son aboutissement, la décharge. Nous nous méfions du chaos et de la lumière de l'explosion, de l'éclair par lequel naît l'œuvre, l'amour. Et de l'averse qui suit l'éclair. C'est pourtant ça, l'œuvre (une vie) : l'éclair de la conception, dans la mémoire qui accumule, comme le ciel les nuages, puis l'averse et l'approfondissement qui se complique, courants rapides, langueurs, arrêts, reprises, le désir qui mène le crayon, la vie, et non pas la volonté. L'inspiration comme un premier amour, le cœur qui bat dans l'anticipation des gestes, des aveux. Paoustovski cite le poète russe Fet :

« Se gorger soudain du proche, de l'ignoré, donner un souffle à la vie, de la volupté aux tourments secrets, le propre d'autrui, le sentir vôtre un instant... »

Je repose le livre, cette fois dans l'herbe, où les mots vont bruire avec les grillons. Je m'allonge, m'étire, bienheureux et inquiet. Je songe à mon œuvre, à mes amours, entremêlées, j'essaie d'évaluer ma foi et mon courage. Si souvent je me crois lâche, un médiocre avec de l'éloquence et trop d'imagination. C'est que j'exige, moi aussi, comme les autres, c'est que je cesse de désirer et de lutter. Je m'allonge encore un peu plus, jusqu'à devenir ce gisant dans l'herbe, avec « deux trous rouges au côté droit ». Une somnolence me prend, une espèce de pardon général et doux m'est accordé, je glisse dans un assoupissement inespéré. Je me repose et pourtant continue de désirer. Mon corps désire, toujours, et parvient à se reposer au cœur du désir. Au fond de ma tête luit cette phrase de Paoustovski, lue tout à l'heure, trop vite : « Tout peut frapper les cœurs avec une vigueur prodigieuse, à la condition sine qua non que celui qui écrit croie au pouvoir salvateur du cœur humain et à celui de la raison, aspire à la vérité et aime la terre. » Je me repose plus encore, car je crois à tout cela. Comme celui du poète russe, mon cœur ne peut pas ne pas entendre, il doit entendre, le trouble brasillement des feuilles, les paroles des aimés, le désir et la peur, si difficiles à différencier parfois, tout ce qui émane du cœur et qu'on n'entend presque pas, dans le fracas des volontés.

Une guêpe empêtrée dans mes cheveux bourdonne de colère. Je la libère d'une tape et l'écoute ronronner de peur et de soulagement ensemble, et disparaître dans le bruissement des feuilles. Ma vieillesse sera-t-elle semblable à ce mois de septembre serein, clair ? Tranquillement passionné, existerai-je au-delà de mes vieilles envies, de mes anciennes terreurs, de ma pauvre ambition, depuis peu s'en allant ? La puissance de la réalité domptera-t-elle mon impatience, ma frousse ? Si la poésie continue de m'habiter, plus grande qu'un simple émerveillement, une communion, enfin une osmose, une sorte de paradis retrouvé, serai-je ardent et paisible ? Écrirai-je simplement, comme clamaient les acteurs, autrefois, avant la représentation, simplement heureux de lâcher ma voix, mes mots : « Nous allons vous donner le spectacle des hasards de la vie, en vous incitant à les méditer, à verser dessus quelques larmes et à en rire... » *I sure do hope so!* Et je respire l'herbe poivrée, la pomme sure, le remugle douceâtrement pourri des feuilles tombées : je me repose, attentif et alangui en même temps. (Heureux ? Oh ! le grand petit mot !)

Puis je me redresse, m'adosse à l'érable flamboyant et ouvre encore le livre de Paoustovski : « Tout s'alanguit, seul l'homme ne se rend pas ». Comme c'est vrai, de moi et du temps d'aujourd'hui ! Le faîte de l'érable est soudainement éclairé par cette lumière liquide qui coule sur les branches, comme du sucre doré, presque déjà de la glace, et au fond, le ciel est sombre comme une couverture mouillée. « L'automne, c'est la limpidité et le froid, écrit Paoustovski. C'est la beauté de l'adieu, avec la netteté de ses lointains et son souffle frais... Cette clarté gagne peu à peu l'esprit, l'imagination et la main de l'écrivain... » Il me parle, ce Russe, de très près. D'ailleurs, entre les Russes et nous, il y a une espèce de langoureuse parenté, faite de misère endurée doucement et du mystère de l'émergence de la vie dans une sorte d'impossible radieux. Quand Paoustovski écrit : « Au loin, sur l'Oka, près de l'écluse Kousminski, mugissait un vapeur », cela ne ressemble-t-il pas, phonétiquement, poétiquement, à ce que je pourrais écrire, et qui irait comme ci : « À Oka, près de l'anse des Kanatonquin, ronronnait le moteur d'une chaloupe... » Parenté de langues faites de parlers mêlés, mots de boue et de diamant — ukrainiens, moscovites, kolkhoziens/ français, anglais, indiens —, multitudes de locutions valant leur pesant d'or. En russe, on dit : le nuage a dégringolé ; nous, on dit : il a mouillé. Je communie à l'élégie de Paoustovski, à son amour bien senti pour les mots, pour sa langue. Il écrit : « les tonnerres » et il a raison : il y a cent tonnerres, mille craquements et grondements, jamais pareils. Nous disons : le ciel bardasse, il poudre. Joie des mots qu'on fait à mesure, selon les foudres, les amours, les grands et les pauvres jours. Il écrit : « le temps se désille », nous disons : le temps se claire. Les Russes ont leurs nuits blanches du Nord, les longues nuits d'été de Leningrad, nous avons l'été des Indiens, les aurores boréales, la poudrerie, la « sloche », les redoux de mars, traîtres comme les crépuscules ininterrompus de Pouchkine, ceux des longues nuits du Nord : « un crépuscule se hâte d'en relever un autre... ». Leurs tourmentes de neige sont « tournantes » ou « balayeuses », les nôtres sont « sifflantes » et « coupent le souffle ». C'est et ce n'est pas la même neige brillante qui file dans le vent gelé. Chacun de notre côté, les Russes et nous, (les Martiniquais, aussi, les Montagnais, les Néo-Zélandais, les Américains, tous les peuples qui fabriquent les mots des écrivains), savons que nous ne pouvons rien négliger, parce qu'on ne sait jamais où nous découvrirons la nuance juste, pour décrire l'insinuant murmure de l'homme et les grands mouvements de la nature.

La joie est invisible, omniprésente. Je les dois à qui, à quoi, ce certain goût du bonheur, mon talent, celui d'autrefois, qui consistait à chevaucher la crête des vagues et celui d'aujourd'hui, qui consiste à regarder et à voir, immobile et emporté ? La beauté du chevreuil, son absence qui me fait l'aimer plus encore, le chercher, louer sa discrétion magnifique... Oui, Lopez a raison : « With the loss of self-consciousness, the landscape opens. » *Self-consciousness,* exigence opiniâtre de ceux qui sont à côté de la vie, « les chassés de paradis »...

Quand tu abandonnes ton quant-à-soi, le paysage se révèle.

Je vais rentrer me chauffer, délivrer le chien et manger des poires, que je vois très bien d'ici, sur la table, que je désire très précisément...

* * *

Je suis réveillé par le grand cri des oies. Je sors, tout nu, dans le jardin et lève la tête, les bras croisés sur mon torse, pour garder la chaleur dans mes poils. Je ne les vois pas tout de suite, le ciel est couvert, d'un blanc-gris extraordinairement lumineux. Elles volent bas, j'entends quasiment le sifflement de leurs ailes, le chuintement qu'elles font avec leur bec avant de pousser leur criaillerie perçante. Le chien tourne autour de moi, saute, rue, gémit comme si la marmotte, *sa* marmotte, n'était pas loin et préparait une attaque, dans l'herbe. Je saute à mon tour, me flagelle la poitrine, les cuisses, me claque les fesses. Il fait un froid de fin novembre, déjà. Je maintiens ma position de scruteur de ciel, le cou douloureux et le sexe rabougri et tourmenté par la brise. J'entends toujours les outardes sans les voir. Soudain je me rappelle Furieuse, l'outarde qu'on a gardée tout un hiver, dans la grange. Mario, mon voisin, l'avait attrapée en tirant sur les canards. Dix plombs dans l'aile, l'oie s'était traînée dans l'herbe et Mario l'avait facilement ramassée, et me l'avait amenée, dans son camion. Cet automne-là, nous gardions encore des oies, de Toulouse, de Guinée, et nous avons transporté l'outarde dans une boîte de carton jusqu'à la grange. Elle sifflait, conspuait, déchirait la boîte de coups de bec rageurs. Nous l'avons laissée avec les oies domestiques, pendant les cinq mois de l'hiver. Chaque fois que nous allions nourrir les volailles, on l'apercevait, perchée sur une planche, tout en haut du poulailler, absolument immobile, toujours à la même place, un cône de crotte sous elle, bientôt une pyramide. Jamais elle ne descendait manger quand nous emplissions les bacs de grains. Elle devait dégringoler de nuit, quand dormaient ses cousines esclavagées, et avaler, amèrement, juste de quoi « tenir » encore. Si nous essayions de l'approcher, elle tendait rapidement ses ailes, avançait méchamment le cou et nous crachait sa salive au visage, comme un venin, chuintait comme un serpent à sonnettes. En avril, nous avons sorti les oies et Furieuse a suivi, vingt pas derrière les autres. Elle trottinait, sagement : on aurait dit qu'elle faisait docilement, maintenant, partie du troupeau. Mais sitôt la porte de la grange franchie, on entendit un grand fracas d'ailes et d'herbe, suivi d'un violent croassement d'étripée (l'outarde n'avait pas crié de l'hiver). Nous sommes tout de suite accourus : Furieuse avait disparu, comme par enchantement. Nous avons eu beau arpenter les alentours de la grange, puis les champs, et même l'orée du bois : pas l'ombre d'une trace, d'un signe. Nous ne l'avons jamais revue. Elle avait enduré sa captivité tout un hiver, sans perdre un soupçon d'orgueil et de sauvagerie, joué au printemps l'oie servile puis, dans notre dos, avait pris le ciel, « furieuse » et délivrée.

Ça y est, elles sortent de la nuée ouateuse, un grand V vibrant, à peine cent pieds au-dessus des arbres. Je suis de l'œil le grand voilier, jusqu'à ce qu'il ne soit plus qu'un v minuscule, au fond du ciel. Les graillements s'estompent, le chien jappe dans le champ, je vois dépasser sa queue qui houspille les asters secs, si bien qu'on dirait qu'il neige, pendant trente secondes, sur la vigne et les mûriers.

Je suis couvert de frissons comme une dinde déplumée, mais je reste encore un peu dans la brûlante étreinte du froid. J'aime ces inflammations-là, certaines bonnes douleurs, radieuses comme des névralgies. On sent alors que le sang renaît, que le cœur lutte, que le corps survit puissamment, et alors l'âme lui montre une sorte de gratitude qui se traduit par une endurance fantasque, déraisonnable. Je sens, au creux de mon ventre, une aura de resplendissement chaud. Le chien revient vers moi, bredouille, encore une fois. Il branle sa grande tête, l'air de dire : « Qui ne risque rien n'a rien », et vient s'asseoir sur mes pieds.

Puis nous rentrons. Je fais du feu (déjà ?!) et prépare le café. Les *Journaux et Récits* de John James Audubon sont sur la table. Je suis content, je vais passer ma journée au Labrador, dans l'été de 1833, avec John James, John et Lincoln, à bord du Ripley, puis sur les rochers glacés des côtes du Grand Nord, à dénicher des œufs de cormorans, de guillemots et de goélands à manteau noir.

Le café coule, le chien est roulé en boule sur son tapis, la chatte dort sur sa chaise. J'ouvre Audubon au hasard et lis ceci, qui me semble convenir tout à fait à ce temps d'aujourd'hui, annonciateur d'hiver : « Les ruisseaux, les mares, les rivières, les baies elles-mêmes commencent à geler. D'importantes chutes de neige recouvriront tous les rivages, et la nature retrouvera le sommeil, non, pis que cela, un état de désolation et de mort. Admirable ! Admirable ! » Cet « admirable » rend songeur, non ? Un peu plus haut dans le texte, que je remonte comme une crique, pataugeant dans « l'herbe drue » de la côte gelée et les « linceuls de neige », je trouve cette phrase, « admirable » elle aussi, où il est question des pigeons migrateurs, mais où je lis notre grande solitude hivernale, nos si courts étés, notre précarité d'oiseaux rares en terre nordique : « Que le créateur ait ordonné à des millions de minuscules, chétives et fragiles créatures de traverser d'immenses contrées qui leur conviendraient à l'évidence mille fois mieux que celle-ci, afin de prétendument peupler ce pays désolé pour un temps et de l'égayer pendant deux mois tout au plus des chants mélodieux des musiciens à plumes et que, par le même commandement, il les pousse à l'abandonner quasi subitement, voilà qui me paraît aussi prodigieux que magnifique. » Ce pays désolé, l'hiver, alors que le Sud traversé par les oiseaux nous conviendrait mieux, sans doute. L'été, la Virginie à longueur d'année ? On peut en rêver, mais je ne tiendrais pas deux ans. J'aime nos

« linceuls de neige », la jeunesse du monde endormie, oubliée, la longue méditation blanche, comme une nuit sans sommeil, une nuit blanche, une nuit claire, russe, silencieuse — si on excepte les damnés « skidoos » ! —, une nuit boréale.

J'aime bien le scepticisme scientifique d'Audubon, quand il écrit — lui qui étudia les oiseaux toute sa vie, les dessina, les observa sans répit —: « afin de prétendument peupler le pays ». Le dessein secret des oiseaux, le mystère, toujours, encore, des migrations à plein ciel, la vénération pour ces grandes énigmes de l'univers que nous enseignent les grands chercheurs... Le monde est encore originel et nous crions sa fin...

Quatorze juin 1833, je navigue avec Audubon, nous faisons cap sur le Rocher aux Fous. Les fous en vol remplissent l'air, « on aurait dit une grosse chute de neige prête à s'abattre sur nous ». La baleinière est mise à l'eau. Tom, Lincoln et John la poussent au large à l'aide de leurs fusils. La mer est mauvaise. La surface du rocher est recouverte de nids, on dirait « un carré de patates douces ou de choux ». Les fous s'entassent les uns sur les autres « pour former une couche de plusieurs pieds d'épaisseur ». John, à bout de force, maintient la barre. Les guillemots jouent dans les embruns, à la proue du bâtiment. Nous croyons apercevoir de larges voiles devant nous — des bateaux ? — mais découvrons que ce sont des glaciers qui dérivent. Le ciel se remplit de macreuses brunes. Nous (car je suis dans la barque avec eux) croisons un schooner à l'ancre, puis les côtes du Labrador apparaissent enfin. Sur les longues plages de sable, « notre imagination nous faisait voir des ours, des loups et des démons en tous genres détalant sur le littoral ». En débarquant, nous nous enfonçons jusqu'aux genoux « dans des mousses de différentes espèces qui nous communiquent d'étranges sensations à chacun de nos pas » (oh, patauger dans la vase avec John James Audubon qui grimace et sourit pourtant...). Un « faucon des pigeons » nous survole et aussi quelques grands chevaliers à pattes jaunes, en plumage d'été. Des eiders plongent. Lincoln et John jurent avoir entendu le lagopède derrière un rocher. Un « requin pèlerin », transpercé d'un harpon, gît, échoué sur le rivage.

Et puis Audubon rentre à bord. Il dessine, et je tourne autour de lui, dans un tapage immatériel de fantôme très curieux. Sur la feuille, sous la branche rampante d'un sapin, apparaît un nid d'eider. Le trait est sûr, le crayon chuinte et glisse, un œuf apparaît et John James écrit *greenish* à la base de l'œuf — il mettra plus tard la couleur, s'il a le temps. Puis le vent se lève, le bateau tangue et John a du mal à assurer son crayon. Il veut, il désire pourtant, très fort, dessiner l'eider, puis la sterne en vol, et encore la femelle chevalier, assise sur son nid. Mais le temps file, la tempête gronde. Et le harle huppé, qu'il tient absolument à esquisser ce soir, avant d'oublier... Ses doigts s'engourdissent, il doit arrêter le travail, pourtant à peine commencé. Alors John lance les dessins sur sa couche, où ils atterrissent en fous de bassan affolés. Il ouvre un autre cahier, masse sa main endolorie, marche jusqu'au hublot pour apercevoir la mer, ou le ciel, il ne peut pas dire, une tourmente mouillée et qui sent la vase et le sel. Il revient à sa table qui tremble et, debout, écrit : « Je brûle de me rendre plus au nord ; mais le vent est tellement contraire que ce serait peine perdue que de vouloir partir en ce moment... Mes mains ont du travail à profusion et je vais me coucher ravi, parce que demain je dessinerai un lagopède... Ah j'oubliais ! Nous avons trouvé sur une immense falaise un nid de faucon pèlerin... »

La passion au travail, jour après jour, minute après minute. La présence ardente, inexplicable et nécessaire de ce désir de beauté, de mots, d'images, désir de connaître, de savoir, désirs inassouvissables, bien sûr. Un enthousiasme, une fièvre, une vénération pour les mystères, de quoi donner sa vie, la perdre avec une terrible joie, presque insouciante. Audubon écrit : « Pour ma part, je ne peux m'empêcher de sourire devant la présomption de certains de nos auteurs qui certifient avec modestie leurs représentations "telles que nature". Que Dieu leur pardonne et m'enseigne à copier son œuvre ; alors je serai satisfait et heureux ». Heureux de faire comme Dieu, oui, heureux de créer, c'est-à-dire de voir, inlassablement.

Audubon quitte le Petit-Mécatina, le 21 juillet 1833, à cinq heures du matin. « Le Labrador sera très vite dépeuplé, non seulement de ses indigènes, mais de toute vie, à cause de la cupidité des hommes... » Grand observateur, poète et visionnaire, grand parleur inécouté, Audubon écrit ses milles pages, son voyage. « Faute d'argent, je ne puis compter que sur mes talents et sur mon enthousiasme pour me guider... » La plupart de ses journaux ont été détruits ou perdus. Combien d'autres milliers de pages, relatant la vie des oiseaux, des caribous, des chasseurs, du ciel et du vent, et aussi les songes fervents du chercheur, ont été déchirées par les bourrasques, détrempées par les pluies glacées, arrachées peut-être par la main furieuse, tout à coup devenue folle, de l'écrivain, pris d'une de ses transes d'insignifiance et de pusillanimité, pour moi, romancier, facile à imaginer ? « J'écris ce qui ne vaut guère la peine d'être consigné, avec une plume manufacturée, terriblement mauvaise... Nos jeunes gens pensent que mon surcroît de fatigue est dû au fait que je travaille souvent en vêtements mouillés, mais j'ai procédé ainsi toute ma vie sans en ressentir d'effets néfastes. Non ! non ! je ne suis plus jeune, voilà tout !... Où dois-je aller maintenant, pour visiter une nature intacte ? »

Il descend l'Ohio, en route pour la Nouvelle-Orléans. Il

campe à la sauvage, lutte contre les moustiques, le froid et la nuit, chasse afin de payer ses voyages, insouciant, fébrile, courageux malgré lui, passionné, orgueilleux mais humble. Il repart vers l'ouest, le nord, l'est encore, le sud, accumulant notes et dessins, artiste sur le terrain, traçant dans la même minute, sur une feuille, la huppe du jaseur des cèdres, sur une autre, la forme du pied de sa fille Lucy pour, dès qu'il en aura les moyens, lui acheter une paire de chaussures neuves. Il fut emprisonné pour dettes à Louiseville, opulent propriétaire terrien dans l'État de New York. La gloire d'Audubon est un oiseau migrateur. Ce grand chroniqueur passionné, poète et savant, lutta sans finir contre un méchant besoin de l'exclusif et du pareil, acharné à suivre ses élans singuliers, commentant rigoureusement, scrutant sans répit une nature « prétendument » incohérente, où l'imagination est souveraine. Traînant partout avec lui ses livres, sa flûte, son violon et son cahier de croquis, il rêve, observe, imagine, raconte, espère pour nous, consigne toutes choses avant qu'elles aient disparu. Refusant de détromper un fonctionnaire des douanes françaises, qui le prit un jour pour un Indien, Audubon assume sa « sauvagerie » et lève la tête, rattrapé par le souvenir des rues de Saint-Domingue, l'île de sa naissance, où les Natchez vivaient « libres, indépendants et perdant espoir à cause de tout ce qui disparaît ».

Je suis étourdi par ma navigation polaire sur le Ripley et par les phrases souples, simples, vivantes et savantes d'Audubon — encore celle-ci, qui me soulève, m'emporte, m'enthousiasme, immodérément : « J'aimerais mieux parcourir les marais de Floride de long en large à la saison des moustiques, sans chemise ni linge de corps, plutôt que de m'éreinter sur ma plume comme je l'ai fait jusqu'ici. » J'ai très envie de sortir, d'aller arpenter les champs pâles, où je sais que l'herbe cassera sous mes bottes, comme si je marchais sur du vieux papier, sur les milliers de pages perdues de John James, éparpillées jusqu'ici, formidables et illisibles.

« Parcourir les marais de Floride… » Je les ai parcourus, il y a trois ans, transformés en grand parc pour touristes, les bayous fabuleux et menaçants, ces serpentements d'eau noire plantés de genoux de cyprès et survolés de nuées de maringouins, épaisses comme des traînées de boucane d'herbe verte. Le guide, un Indien, chassé de ces mêmes bayous et engagé par le gouvernement pour faire visiter son paradis perdu aux *sunday explorers,* lançait des restes de hamburgers et de hot-dogs aux alligators qui suivaient nonchalamment le bateau. Geste de dépit de l'ancien propriétaire déchu, « sparages » d'aigreur et de fâcherie, de désespérance. Et pourtant, les marais miroitants, les saules penchés, les grands cyprès royaux chamarrés de filets de barbe espagnole, le lent vol des hérons, trente pieds au-dessus de nos têtes, les sillonnements effarants des grandes araignées d'eau, le frôlement soyeux des joncs, l'écrasement lisse et satiné des nénuphars sous la barque : nous étions toujours dans une sauvagerie neuve, originelle, bouleversante. Mais la plupart des passagers de ce navire *walt disneyen* restaient tranquillement assis, le dépliant touristique sur la tête, pour se protéger du soleil impitoyable, le regard désenchanté et les mains à tout bout de champ lancées devant eux pour éloigner les moustiques, hantés, presque tous, par un effrayant désir de piscine et de chambre d'hôtel, où les mêmes bayous passaient, sans danger, à la télévision. Nous vivons une époque de « revisitation », une ère d'images, d'aventures virtuelles, un salut par procuration. La peur des alligators, c'est la peur d'être indompté, indomptable soi-même. L'horreur d'être encore primitif, farouche, inapprivoisé, humain, naturel. Frousse des mystères, des limites, des misères et de la gloire du coureur des bois, du coureur d'univers, terreur déguisée en tranquille torpeur de contemplation. Devant nos images, nous faisons semblant d'y être, d'y croire toujours et de ressentir l'attirance et l'effroi. Mais nous sommes aussitôt dégrisés, vite déçus, étonnamment absents, quasiment irréels. Nous avons peur de nous perdre et nous perdons pourtant, non pas comme on se perd dans le bois, mais comme on se perd en songe : dans des labyrinthes insondables où nous ne reconnaissons plus rien.

C'est le vieil ours de Flaubert (demain, tiens, je passerai peut-être ma journée avec le fol hermite de Croisset : après tout, je suis moitié Flaubert, moitié Audubon…) qui écrivait : « Pour qu'une chose soit intéressante, il suffit de la regarder longtemps. » Pas de la voir passer à toute allure sur un écran, absurdement happés par un effroi ou une grâce inemployables, gagnés que nous sommes par des bonheurs, des drames et des violences qui nous appartiennent immédiatement pour nous déserter aussitôt, nous laissant plus vides et plus gris que l'écran éteint. « We watch television and miss the show. »

Enfin nous sortons, le chien et moi, tous les deux énervés et frétillants. Tous les deux pleins d'une sève surabondante et que nous allons vite gaspiller, en courant sur le chemin, comme deux huskies attelés au traîneau. Nos deux nuages de buée s'entremêlent et je jappe moi aussi, je me tords le fessier, je préviens tout le bois de notre extravagant bellicisme. Le trop-plein sort de nous, tout ce que, immobiles, nous accueillons, et qui nous remplit à craquer. Nous courons toujours, hors d'haleine. Je crie au chien :

— Vite ! Il est à vingt pas derrière nous !

Mais je suis seul à me retourner, pour tâcher d'apercevoir le bison blessé, celui-là même qui poursuivit Audubon dans une prairie du Missouri. La bête pousse un grognement rauque et nous gagnons l'accotement de la route, pour la laisser passer. Nous nous cherchons un moment, le chien et moi, dans la brume de poussière soulevée par les énormes roues du camion, ainsi que deux cavaliers égarés dans les nuées d'une ancienne piste de sable…

* * *

Une extraordinaire brûlure dans tous mes os me réveille. Je sors du lit comme un mort de son tombeau, pas tout à fait sûr d'être ressuscité, souffrant encore en rêve. La chatte me dévisage comme si j'étais un autre, moribond et fantomatique, une apparition tremblante et échevelée. Le miroir me montre pire encore : yeux cernés, joues fripées, pupilles décolorées, cheveux d'étoupe. La grippe, pas de doute, comme une méchante punition. (Maman : « C'est ça qui arrive quand on sort au grand vent, tout dépoitraillé… ») J'avale mon café, plus amer que du jus de radis, et m'allonge près du feu, mourant enveloppé dans ses frissons, la tête pleine de ouate, comme si j'étais déjà embaumé. Le chien renifle avec dédain ma momie, et va se coucher plus loin, déçu : il sait que ma misérable condition interdira la longue promenade promise. Je m'abîme une courte éternité dans mes limbes où plus rien n'existe avec certitude, où des découpures d'une certaine vie, qui n'est pas la mienne, défilent et passent, mystérieuses et insignifiantes. Pendant un temps incalculable, je simule avec une application forcenée, mon agonie, un départ imperceptible, une envolée soulageante : je remets ma vie, quasiment content. Je mime la mort que je voudrais, une échappée en douce, un endormissement comateux et opportun. Mais il me reste trop d'ardeur encore pour m'engager plus loin dans l'inimaginable métamorphose, et aussitôt je me lève — on dirait un paralytique qui s'ébranle et va tout de suite retomber — et marche en songe jusqu'à la bibliothèque. Je cherche dans un brouillard effrayant les *Essais* de Montaigne, le premier livre (il me semble !), où il parle de la douleur et de la mort. Je reviens, en une sorte de transe de sorcier qui a oublié ses alentours, près du poêle, m'emmitonne, m'emmaillotte et tourne les pages. Les mots remuent au fond d'un trou brumeux où je les rejoins, heureux de les retrouver dans une sorte de néant avec lequel je suis d'égal à égal.

« Les hommes sont tourmentés par les opinions qu'ils ont des choses, non par les choses elles-mêmes… Et en ayant le choix, si nul ne nous force, nous sommes étrangement fols de nous bander pour le parti qui nous est le plus ennuyeux, et de donner aux maladies, à l'indigence et aux mépris un aigre et mauvais goût, si nous leur pouvons donner bon, et si, la fortune fournissant seulement de matière, c'est à nous de lui donner la forme… »

C'est déjà réconfortant, et c'est écrit dans une langue âpre et ciselée, pas très loin de Rabelais, dans le vif d'une chair vivante. Mais ce que je cherche est plus loin.

« Mille bêtes, mille hommes sont plutôt morts que menacés. Et à la vérité ce que nous disons craindre principalement en la mort, c'est la douleur, son avant-coureuse coutumière… C'est plutôt l'impatience de l'imagination de la mort qui nous rend impatients de la douleur, et que nous la sentons doublement griève de ce qu'elle nous menace de mourir… Mais il est en nous, sinon de l'anéantir, au moins de l'amoindrir par la patience, et, quand bien le corps s'en émouvrait, de maintenir ce néanmoins l'âme et la raison en bonne trempe… »

Déjà, j'émerge de mon inexistence cabalistique, je me sens fragile vivant, lentement rappelé au monde. L'écrivain est fraternel, il a l'âme et la parole tonifiantes, contagieuses, ressusciteuses.

« Si la douleur est violente, elle est courte ; si elle est longue, elle est légère. Tu ne la sentiras guère longtemps, si tu la sens trop ; elle mettra fin à soi, ou à toi : l'un et l'autre revient à un. Si tu ne la portes, elle t'emportera… »

C'est simplement, implacablement dit. Le sang m'en revient partout dans le corps. Je bourre le feu, réussis à me faire de la tisane et m'assois à la table, la couverture sur les épaules, comme Montaigne dans sa tour de château mal chauffée.

« Ce qui nous fait souffrir avec tant d'impatience la douleur, c'est de n'être pas accoutumés de prendre notre principal contentement en l'âme, de nous attendre point assez à elle, qui est seule et souveraine maîtresse de notre condition et conduite… Il n'y a raison, ni prescription, ni force, qui puisse contre son inclination et son choix. De tant de milliers de biais qu'elle a en sa disposition, donnons-lui en un propre à notre repos et conservation, nous voilà non couverts seulement de toute offense, mais gratifiés même et flattés, si bon lui semble, des offenses et des maux… »

Je m'étire, sens mille aiguilles déchirer mes muscles : je vis, l'âme se réchauffe, le corps suit.

« … Elle fait [l'âme] son profit de tout indifféremment. L'erreur, les songes, lui servent utilement, comme une loyale matière à nous mettre à garant et en contentement… »

Je lève la tête et aperçois la porte du hangar qui bat au vent. Il fait un temps de chien, un temps de novembre, un temps de mort. Soudain je me rappelle — oh, ma sœur, t'en souvient-il ? — comment j'aimais, enfant, mimer la mort, tomber foudroyé par une balle ou un éclair, rouler sous le sofa, pulvérisé par une grenade de cinéma, plonger du bout du quai, attrapé par la flèche d'un guerrier tapi dans les joncs. Je savourais mes escamotages, mes chutes, mes plongeons, comme des exploits dont je revenais avec misère, contenté par un beau vertige violent mais trop bref, quasiment déçu d'avoir à attendre longtemps encore l'instant héroïque, trahi par cet entrain nonchalant qui me survivait. Et que dire des nombreuses guerres dans la pinède, des flèches qui, imaginairement, m'ont si souvent transpercé, des plombs pris dans mes ailes chimériques, du sable avalé en déboulant la grande côte, le cou tranché par le sabre allégorique d'un beau grand tueur indistinct, des éraflures que je me faisais à tant sombrer, dégringoler, couler en m'égratignant au quai de bois, et que je soignais sans déplaisir, songeant à mes fortes joies de mourant épique et halluciné ! Ces rapides trépassements de théâtre préparaient-ils ma fin, la devançaient-ils, apprivoisaient-ils une peur, un terrible désir ?

« Il est facile de voir que ce qui aiguise en nous la douleur et la volupté, c'est la pointe de notre esprit… Tout ainsi que l'ennemi se rend plus aigre à votre fuite, aussi s'enorgueillit la douleur à nous voir trembler sous elle. Il se faut opposer et bander contre… La douleur ne tient qu'autant de place en nous que nous lui en faisons… »

Montaignard comblé, je songe à doucement « vivre » ma grippe, comme on dit étrangement, aujourd'hui, « vivre sa solitude » ou « vivre ses doutes ». Et je songe encore à Flannery, toujours malade et toujours gaie, espérante, travaillante et facétieuse. Je la vois sortir dans le jardin, derrière la petite maison, à Milledgeville, pour nourrir ses paons. Elle descend l'escalier sur ses béquilles, avance dans l'allée, pousse une criaillerie imitant celle des grands oiseaux magnifiques et stupides, et on ne sait pas si, justement, ce n'est pas une lamentation de douleur, tant elle souffre sans cesse et ne se plaint jamais, autrement que dans ces croassements lancés aux oiseaux. Sa « sainte » mère la rejoint dans la cour, blâme sa témérité, chicane les paons qu'elle chasse et qui grimpent benoîtement sur la margelle du puits, tente de soutenir Flannery, pour la ramener dans la maison, où l'attendent sa machine à écrire, ses livres, une histoire impossible, commencée la veille, et où il est question d'un vendeur de bibles itinérant et d'une jeune fille avec une jambe de bois… Flannery soupire, repousse gentiment la reine mère, sautille en direction du hangar. Une béquille glisse et tombe dans l'herbe. Alors elle s'arrête, perchée sur une seule béquille, et enrage un court moment, les yeux brûlants, des larmes chaudes coulant sur ses joues. Puis elle lève la tête, aperçoit le paon sur la clôture et pousse une autre criaillerie, cette fois cruelle, presque sauvage. L'oiseau la détaille de ses petits yeux vaseux et insolents. Alors Flannery éclate de rire, ses épaules tressaillent, un mince filet de larmes, cette fois presque joyeuses, coule sur son menton, sur sa maigre poitrine. Au-dessus d'elle, le ciel est d'un rouge luminescent, on dirait du sang dans l'eau. Elle se sent toute petite et endolorie, mais favorisée, impétueuse, vivante. Elle a le ciel, ses paons, ses livres, son amour difficile pour le Sud, ses histoires — aura-t-elle le temps de les écrire toutes ? — son espérance, son humour, sa foi. Son âme travaille pour elle, toute seule, et Flannery reprend confiance, grimace un sourire hideux et comique au paon, qui la dévisage avec une hauteur de vieille duchesse acariâtre, puis revient vers la maison. Sa mère l'attend, tout en haut des marches. Peut-être Flannery marmonne-t-elle à la sainte, en grimpant gauchement l'escalier, ces mots de Montaigne, brefs et sonnant joie et misère ensemble : « Nul n'est mal longtemps qu'à sa faute » !

* * *

Il vente à nous scalper, le chien et moi, mais nous continuons d'avancer témérairement dans le champ, fouettés par les verges d'or durcies et les branches de saules. Le busard Saint-

Martin plane un moment au-dessus de nous, puis plonge et remonte, comme attrapé par d'effrayants remous d'air. Il rase, à rebrousse-plumes, les têtes des sapins et descend en sifflant dans le vallon. Nous sommes entourés, encerclés par des brassements, des chuintements, toute une chamaille de branches secouées et d'herbes excitées. Il neige des feuilles à plein ciel. Nous nous trouvons, tout à coup, au cœur d'une tourmente en entonnoir, d'une tornade de couleurs bruissantes, et le chien jappe et se lamente, comme s'il allait aussitôt, et en même temps, perdre la vie sur la terre et moi, dans le même coup de vent.

Au milieu du pré, la violence de la bourrasque m'écrase dans l'herbe et le chien aussitôt grimpe sur moi, en braillant, comme si la tempête était ma faute. J'agrippe des deux poings la fourrure de son col et tout de suite il pousse un rugissement de loup. Nous roulons, luttons, grimpons, en tournoyant, une butte de marmottes, la dévalons sans nous lâcher. Il jappe, hurle, mais je reste accroché à ma proie, au monstre : nous feulons ensemble, crocs contre crocs, poils et cheveux emmêlés, un cerbère déchaîné à deux têtes, à deux gueules, avec nos cœurs dedans. Puis nous lâchons prise de concert et retombons côte à côte, dans un creux mou. Je sors, moi aussi, la langue, pour souffler, et de la bave me coule dans le cou, si fraîche qu'on dirait une couleuvre qui glisse, repte sur ma clavicule, mon épaule, mon omoplate. Le chien halète, les yeux fermés, débarrassé de son énervement épouvantable. Je m'allonge, savoure mon reste de vie, cette persistance obstinée de mon souffle, des battements affolés de mon cœur, qui s'apaise tranquillement. La rafale nous survole, nous frôle, retrousse nos pelages, et ça sent fort le poil mouillé, ma sueur, la terre froide et la feuille écrasée. Je ferme les yeux, fier du retour timide de mes forces, après la fièvre et mon purgatoire comateux, et je jongle avec les feux follets qui sautent et dansent dans ma tête. Ce faisant je rends grâce à mon père, qui m'a montré à ne craindre ni les bouillonnements de mon sang ni ses accalmies mystérieuses, ni mes sursauts vertigineux ni mes inerties langoureuses. J'ai vite su, compris, admis que j'étais bestial et métaphysique, qu'il y avait plus fort et plus vaste que moi, que mon être était, comme tout ce qui vit sur la terre, fait des multiples entrelacements de fibres mystérieuses. Papa me montrait une plume de perdrix, ou un caillou strié d'or et me répétait que, comme les bigarrures de la plume, les strates du caillou, mon corps, mon âme, étaient des prolongements, des allongements, à la fois l'origine et la suite de la grande forêt, du continent, des galaxies. Que je répondais, sans le savoir — de là mes vertiges occasionnels, légitimes — à des appels inaudibles à l'oreille nue, que forcément j'étais et serais entraîné, toujours, vers le gros cœur cognant de l'univers, sauvage, extravagant, inconnaissable entièrement. Il a su m'enseigner ça, mon père, vaille que vaille, lui-même allumé, éteint, rallumé, son regard, son cœur pareils à des braises sous le vent et sous la cendre, tour à tour. Que Dieu était un beau monstre, capable non seulement de tout engendrer, de tout créer, mais encore d'inventer n'importe quoi ! Et il braquait sous mon nez le ventre translucide d'une larve, où un remuement orangé s'allongeait et se rétractait, comme un étrange piston mou, ou lançait haut le bras pour m'indiquer une feuille de peuplier qui chutait en zigzag : « Tu peux m'expliquer, toi, pourquoi elle tombe comme ça et non pas comme ça ? » (et il mimait, de la main, une descente tournoyante, la vraie, et puis une autre, invraisemblable, une dégringolade virevoltante ou bondissante, impossible). Il m'entretenait sans finir de la complexité quasiment diabolique de tout, des formes animales, minérales, parlait de la tête — « une effrayante mécanique, terrible, parfaite » — de la mante religieuse, ou de la boule éternelle et bourdonnante « comme le moteur d'un petit avion en perdition » de l'essaim d'abeilles, des taches sur le papillon, exactement pareilles à celles des pétales de la fleur sur laquelle il se pose pour sucer le sucre, de l'araignée trappant le puceron. « Regarde ce que tu voudras, le sabot d'une chèvre, les antennes du homard, une banane, l'épi de blé d'Inde, les voltiges de l'hirondelle, ta sueur qui coule, les boursouflements de ton cœur qui cogne quand tu cours, les piquants de la barbote : tout existe méticuleusement et en abondance, en large et en menu, c'est beau et effrayant, c'est... extravagant ! » Et il haussait ses maigres épaules, écartait les bras en une sorte de lente simagrée éblouie et révérencieuse, et qui restait longtemps suspendue : il n'arrivait pas à dire, à expliquer mieux. Alors je fermais les yeux, je me préparais à voir, je m'appliquais dans le noir, je voulais tant ! Puis je rouvrais les yeux, d'un clignement sec, décidé : dans une sorte de vision de rêve — pareille à ces hallucinations de saints, sur les gravures de notre livre d'histoire sainte — j'apercevais enfin, miraculeusement, les pousses neuves des fougères, les éclats du cristal dans le rocher, le tracé sinueux d'une branche noire contre la lumière blanche, le frisottement des poils noirs sur le bras de mon père : tout ça, précis, net, excitant, nouveau. Très vite, mon attention s'est aiguisée. La beauté, l'effroi, les palpitations innombrables du monde ne pouvaient plus m'échapper, et pourtant ne se laissaient pas connaître comme ça, en criant lapin. Ma quête, je le savais déjà, serait infinie, un beau tracas interminable, un dénombrement inachevable. L'éventail tournait, tournait à m'aveugler, à m'assourdir, l'éventail de tous ces mouvements de la matière dans le temps. Ces images, que je verrais plus tard, au cinéma, de la rose qui s'épanouit au ralenti, de l'araignée qui tisse lentement sa toile, comme je les trouverais fausses, mensongères, invraisemblables ! « Qu'ils aillent donc braquer leurs caméras sur la glace qui fond, me disait papa, quand la rivière est en débâcle, sur l'étang qui se remplit de l'eau de cent sources, sur l'élan des marées, sur la descente des grands glaciers qui gémissent tant la fonte est rapide et leur fait mal ! » J'étais emporté par l'étendue, la vitesse et le bigarrement des métamorphoses. Sans cesse aux aguets, je manquais presque tout, n'avais qu'une toute petite attention, forcenée, discontinue, facilement épuisable. C'était là mon plus gros péché, que je ne songeais même pas à confesser, tant il me faisait une honte irrévocable, impardonnable. (J'imagine la tête du curé : « Mon père, je m'accuse de ne pas savoir ouvrir l'œil, tendre l'oreille, toucher, humer, avec assez d'exactitude, de diligence, de passion... » J'en aurais récité des « Notre Père » et des « Je vous salue Marie » pour ces innocents aveux-là !)

Si je suis devenu poète, et non pas scientifique, il n'en faut accuser, outre ma paresse, la découverte radieuse, décisive, des langages, dans lesquels je me suis vite empêtré, à l'être encore, toujours, aujourd'hui, bienheureusement, effroyablement, comme la guêpe dans une boule de pollen.

Nous revenons par le chemin, où la boue gelée nous porte, comme si nous marchions sur des vagues de ciment granuleux, dont les crêtes cèdent sous mes bottes. Une perdrix décolle d'un tas de branches, vole lourdement vers les pins. Le chien jappe. J'épaule un imaginaire fusil et abats l'oiseau, qui frappe toujours des ailes et disparaît dans le touffu des branches, parfaitement indifférent à mon tir à blanc, plus taiseux que la brise. Il m'a appris ça, aussi, mon père : l'oiseau reste libre, même un coup descendu et gisant sur l'établi, perdant son sang. Tu n'as rien pris de lui, surtout pas sa vie, qui est innombrable, qui n'est pas unique, individuelle, absurdement précieuse, comme la nôtre. Cette conscience-là, que j'ai, qu'ont les humains, de vivre tout seuls, séparés, notre âme irremplaçable prise dans notre corps original, isolé, l'oiseau ne l'a pas. Il continue de voler, il ne meurt pas, il est infiniment remplacé, éternel.

La chatte nous attend sur la plus haute marche de la galerie, tous ses poils dressés et qui voltigent autour d'elle, dans un gros halo roux et moussu. La sainte chatte, pas vierge et pas miséricordieuse du tout. Elle a faim, elle chiale et darde dans les miennes deux grandes prunelles d'eau furieuse. Le chien la renifle. Elle se dresse, fait le dos rond, nous montre son cul, miaule son ordre au portier — moi — qui tout de suite s'exécute et ouvre servilement la porte. « Il était temps ! » gémit-elle en passant cérémonieusement le seuil, comme une princesse capricieuse de conte qui a, depuis toujours et pour toujours, mille soupirants insignifiants à sa griffe.

* * *

Une première neige, pareille à un floconnement de pétales d'asters ou de vergerettes, tombe en virevoltant. J'imagine l'énorme main du géant qui secoue la boule, notre Terre, la renverse, et j'entends une petite musique, immatérielle, lointaine, une insignifiante et tendre mélodie d'enfance. Toujours, j'affectionne mon allégorie d'un monde de Lilliputiens, le nôtre, à la merci d'un Ogre bienveillant… Nous sommes le divertissement préféré de l'Ogre, un délassement qui l'attendrit, nous sommes son désir, son espérance…

Je viens boire mon café dans la fenêtre, dans la lumière de neige, celle qui a vu, au séminaire, le commencement de mon alliance avec les mots, mon initiation aux langages. À tâtons, par oreille, aveuglément, je traçais des phrases, insensées, sans queue ni tête, et qui pourtant aussitôt m'émouvaient, comme la proximité d'une éclaircie, d'un lac, pour le perdu en forêt.

Et j'étais excité, incrédule et en même temps déraisonnablement confiant, comme Champollion devant ses hiéroglyphes, comme l'homme des cavernes devant ses simagrées gravées dans le mur de pierre : je commençais à déchiffrer les codes, j'approchais des images, des vérités, je sortais du hasard pour entrer dans l'intelligible, dans l'imaginable, dans le pénétrable et le visible. La neige tourbillonnait dans la haute fenêtre de la bibliothèque, j'étais seul avec les livres et cette grande clarté originelle, et, comme Angelo sur son toit, je ne faisais plus attention aux gouffres ouverts devant moi, j'étais « occupé d'un autre vertige ». Comme Angelo, j'écoutais une voix surnaturelle, et pourtant familière, qui me chuchotait à l'oreille : « Les ponts sont coupés, maintenant il faut suivre... » J'étais entré en littérature, mais par la plus petite porte, celle d'en arrière, celle du « bas-côté », celle qui bée et claque au vent, qui n'attend que les vagabonds et les quêteux, la porte étroite des égarés qui se présentent devant elle les yeux agrandis, fiévreux, et le cœur cognant une espérance maboule. Rien ne m'avait préparé aux livres et à leurs bouleversantes révélations. Les mots m'étaient étrangers et pourtant fraternels. Je les rencontrais dans une pénombre de sous-bois, dans une brume de songe, en une espèce de mêlée d'accouplement et de bataille. Je cognais, luttais, j'attrapais ce mot-ci, ce mot-là, le déchiffrais à demi, l'écrivais, mal, recommençais, espérant et furibond, impatient et pourtant prêt à toutes les constances, à toutes les endurances. Je n'étais plus seul ni dépeuplé. Un ange tournait pour moi les pages, un diable m'embrouillait la vue, j'étais appelé, mais de très loin, et j'arrivais en courant, au bout de mon souffle et les jambes en guenilles. Je savais que je ne pourrais jamais plus revenir en arrière, et d'ailleurs je ne le voulais pas : cette allée alternativement éclairée, éblouissante, puis nuiteuse, difficultueuse comme un sentier rempli d'arbres tombés, c'était la mienne, c'était mon sentier de forêt, mon chemin d'abattis, ma route pâle, comme la saignée d'un chemin de sable sous la lune. Rira-t-on si je dis que j'avance encore et toujours sur cette même piste, infinie, tout en détours et méandres, dans le bois touffu, troué de clartés brèves où je cherche mon âme, et que j'écoute, encore aujourd'hui, les mêmes battements dans ma poitrine, et entends toujours la même voix d'ange murmurer : « Les ponts sont coupés, maintenant il faut suivre… » Et, bien sûr, il m'arrive, comme à mon cher Aubert, de « caresser la folie de la main qui ne tient pas le crayon »…

Je reviens à la table et ouvre le livre où sont alignées, sagement, des missives, pas sages du tout, véritables bombes enfoncées du bout de la plume dans ces bouteilles jetées à la mer par le naufragé volontaire qu'était Flaubert, lettres adressées à Louise Colet, à Maupassant, son filleul, à tous les scribouilleurs enfermés et méditant leur chef-d'œuvre ou leur mort. Tout de suite, je suis interpellé, comme l'apôtre par son maître :

— « J'éprouve des sensations voluptueuses rien qu'à voir, quand je vois bien. »

— Gustave, nous sommes entre nous, il neige et j'ai fait du bon café, jasons donc un moment de la profane religion d'écriture, notre lot. Es-tu heureux, par hasard, d'en avoir fini avec elle ?

— Tu le sais bien, « je suis né avec peu de foi au bonheur »…

— Quand même…

— « Le bonheur, pour les gens de notre race, est dans l'idée, et pas ailleurs. Cherche quelle est ta nature, et sois en harmonie avec elle. »

— Je m'y efforce, crois-moi ! Mais je doute souvent…

— Moi, « je doute de tout, et même de mon doute. *Mais*

aime l'art. De tous les mensonges, c'est encore le moins menteur. »

— Tu sais, je n'ai qu'une toute petite voix, si fluette…

— Moi de même, mon cher ! « Je ne suis pas le rossignol, mais la fauvette au cri aigre qui se cache au fond des bois pour n'être entendue que d'elle-même… »

— Pourtant, tes œuvres chantent toujours mélodieusement et on les entend de loin !

— TA-TA-TA ! « J'ai écrit des pages fort tendres sans amour, et des pages bouillantes sans aucun feu dans le sang. J'ai imaginé, je me suis ressouvenu, et j'ai combiné… Moi, je suis une arabesque en marqueterie ; il y a des morceaux d'ivoire, d'or et de fer ; il y en a de carton peint, il y en a de diamant, il y en a de fer-blanc… »

— Ton *Cœur simple*, c'est si beau !

— Mais un peu court ! J'ai tout bonnement tâché de faire « un grand roman tout simple mêlé d'ironie et de sentiment, c'est-à-dire vrai. Mais je me suis arrêté, me suis ramassé, et à la fin j'avais 80 pages… passables. Je te le dis, mon vieux : serre ton style, fais-en un tissu souple comme de la soie et fort comme une cotte de mailles ». Tout est là !

— Je sais, je sais. Et la gloire, dis-moi…

— Oh, la gloire ! « Je n'ai pas besoin d'être soutenu dans mes études par l'idée d'une récompense quelconque… Et le plus drôle c'est que, m'occupant d'art, je ne crois pas plus à ça qu'à autre chose, car le fond de ma croyance c'est de n'en avoir aucune. Je ne crois même pas à moi… »

— Tu dis ça…

— Et je le crois ! Ha ! Ha !

— Ha ! Ha ! Ha !

Nous rions, Gustave et moi. La grosse moustache de mon ami trempe dans le café, ses énormes yeux de poisson vif brillent au-dessus de la tasse. Puis, comme par un enchantement désenchanté, le beau regard vert s'assombrit, telle la rivière au couchant.

— « J'ai en moi, au fond de moi, un embêtement radical. Je m'ennuie de la vie, de moi, des autres, de tout… »

— Voyons donc, chacun sait que la passion t'anime !

— Foutaise ! « Simplement j'avais une admiration égale pour tous les tapages ; j'en ai été assourdi et je les ai distingués. » C'est tout.

— C'est énorme !

— *Flattery won't get you nowhere*, mon cher !, comme disent les English. Disons tout simplement qu'« avec ma main brûlée, j'ai le droit maintenant d'écrire des phrases sur la nature du feu »…

— C'est si simple que ça ?

— Pas simple, pas simple du tout, bordel de Dieu ! Mais l'art est implacable ! « Il faut lire, méditer beaucoup, toujours penser au style et écrire le moins qu'on peut, uniquement pour calmer l'irritation… »

— Tu aurais aimé Flannery…

— Flannery who ?

— O'Connor. Elle te ressemblait. Elle est morte aussi.

— Quelle « atroce ratatouille » !

— Elle a beaucoup apprécié cette phrase de toi : « Pour tenir la plume d'un bras vaillant, il faut faire comme les amazones, se brûler tout un côté du cœur. »

Gustave éclate d'un rire fou de génisse piquée par le taon, il s'étouffe, rougit, me fait signe de lui taper dans le dos. Je m'exécute, il se décolore un peu.

— Excuse-moi, mais, au figuré, c'est une phrase signifiante, mystique, peut-être. Alors que ta Flannery, avec un vrai sein en moins… C'est… désopilant ! Ha ! Ha !

Même chatoiement que tout à l'heure dans l'œil rieur, même éclipse, même couchant : le regard fonce, se noircit, et soudain on peut y lire toute l'inespérance du monde. Je tente de consoler cet immense chagrin, venu de je ne sais où :

— Tu dois être tout de même un petit peu content de ton œuvre ?

— Billevesées ! « À moins d'être un crétin, on meurt toujours dans l'incertitude de sa propre valeur et de celle de ses œuvres... Quand on compare à ce qui nous entoure, on s'admire ; mais quand on lève les yeux plus haut, vers les maîtres (Oh, Shakespeare, Rabelais, Montaigne !) vers l'absolu, vers le rêve, comme on se méprise ! »

— Shakespeare, dis-tu...

— « Il y avait de grands hommes en lui, des foules entières, des paysages... Il faut savoir les maîtres par cœur, les idolâtrer, tâcher de penser comme eux, et puis s'en séparer pour toujours... »

Il soupire, la moustache frémit. Puis il reprend une cigarette, et je lui tends mon briquet, sur lequel il jette un regard oblique, plus amusé qu'étonné. Il souffle sa boucane et ensuite me dévisage impitoyablement. Le vert regard scrute, sonde, fouille...

— Tu travailles bien ? Tu travailles fort ?... Qu'est-ce que tu fais, là, en ce moment, je veux dire, qu'est-ce que tu écris ?

— Une drôle d'affaire... météorologique et littéraire... ce sera peut-être, comme tu dis, une « atroce ratatouille »...

— « As-tu senti quelquefois comme un grand soleil qui venait du fond de toi-même et t'éblouissait ? »

— Ça m'est arrivé, oui.

— Tant mieux, tant mieux... « On porte vingt ans une passion sommeillante qui n'agit qu'un seul jour et meurt... »

C'est ça, écrire. Et « il faut écrire comme on sent et se foutre de tout le reste sur la terre ! ».

Il se tourne enfin vers moi. Soudain, ses prunelles se rétrécissent, comme celles de la chatte qui dort debout. Je le sais, il va s'en aller, et il cherche un bon mot, d'encouragement, ou de mise en garde, à me laisser, en partant. J'aurais tant de choses à lui demander encore, à lui extorquer. Il soupire et se lève. Il est énorme, un bœuf, un wapiti au panache échevelé, dans ma cuisine. Il écrase sa cigarette dans la soucoupe — la chatte lève le nez — et déclame, comme au théâtre :

— « À force d'appeler la Grâce, elle vient. Dieu a pitié des simples et le soleil brille toujours pour les cœurs vigoureux qui se placent au-dessus des montagnes. » Souviens-toi toujours de ça !

— Tu t'en vas ?

Il est déjà à la fenêtre, par où je sais qu'il va disparaître, pour aller voir la neige de très près. Il se retourne, m'examine comme s'il ne m'avait pas encore vraiment aperçu, puis il chuchote :

— « Ne pouvant s'épancher, l'âme se concentrera. Le temps n'est pas loin où vont venir les langueurs universelles, les croyances à la fin du monde, l'attente d'un Messie… »

— Nous y sommes déjà, tu sais.

— Je suis donc prophète ? Quelle « atroce ratatouille » !

Il a sauté, lourdement, mais sans bruit, à travers la vitre. Je le vois sautiller, péniblement, en bordure du champ. Le chien bondit autour de lui et jappe, comme s'il avait enfin attrapé un chevreuil. Soudain, Gustave se tourne vers moi, dessine un large adieu, du moulin de ses deux bras. J'ouvre la fenêtre et je l'entends crier :

— « Ne blâmons rien, chantons tout, soyons exposants et non discutants… »

Il s'enfonce dans les herbes, je vois dépasser sa tignasse furieuse dans la rafale. J'entends encore :

— « Je vais tâcher, cet hiver, de travailler assez violemment… »

Il a disparu, le chien à ses trousses. Soudain, un cri jaillit du pré neigeux, suivi d'un gros ricanement sauvage, maboul. Et j'entends Gustave hurler, en hoquetant de rire :

— « Il me semble que, si je voyais Shakespeare en personne, je crèverais de peur ! »

Le vent et le chien lui répondent, voix shakespeariennes par excellence. Je me rassieds, dévisage la chatte qui a, tout à l'heure, prêté ses yeux à Flaubert, scribouille encore quelques mots et me décide à sortir. Oui, Flaubert et Audubon, l'enfermé et le coureur des bois, je suis ces deux-là à la fois, et aussi Flannery sur ses béquilles, Giono dans sa Provence inventée, Márquez dans ses Antilles, et qui cherche son noyé, Dillard à Tinker Creek, Montaigne dans sa tour froide, Provencher devant ses antennes de coléoptères, la chatte dans la laine de son poil, le ciel qui neige… : Shakespeare en personne !

* * *

« Comme une magie épuisée… » J'ai souvent écrit ces mots, ai souvent épelé, avec conviction, avec une quasi-certitude, cette courte métaphore et qui peut paraître étonnante. Pourtant, ce matin, comme de nombreux matins déjà — et à venir sans doute —, l'allégorie fantasque est véridique, précise, raisonnable : encore une fois, je suis ange déchu, animal blessé, branche desséchée. Je ne *vois* plus, je suis *vu* par un gros œil blasé et inclément. Aubert en « éclipses », Julien dans la cabane à sucre, Joe Pacôme dans les bayous, le fils dans la rivière de son père, le chien du garagiste abandonné derrière le camion de son maître : combien de mes personnages ont enduré cette misère imméritée du délaissement, de la grâce en allée, du désenchantement, du dégrisement ? C'était toujours moi, en phase de dépérissement, dans le creux de la vague, en désespérance provisoire. Moi et tant d'autres, humains excentriques et ordinaires et qui, tous, comme Margaret Laurence, pourraient clamer quand ils espèrent : « What gives me hope, I suppose, is the possibility of grace », et, comme elle, encore, chuinter, quand ils chutent : « Here I am, vulnerable as a fish on a dock ! »

Je reprends espoir quand je sens l'approche de la beauté.

Me voici encore une fois abandonnée et impuissante, comme le poisson sur le quai.

Il y a quelques années, ma fille m'a offert un petit livre charmant, idiot, bouleversant, au titre ahurissant : *Le Bonheur, Citations*. Sur la carte qui accompagnait le cadeau sans poison, elle avait écrit : « Pour que tu n'oublies jamais qu'il existe. » (Ma fille sait, bien sûr, sinon que j'oublie parfois que le bonheur existe, du moins que j'ai grande misère à le trouver là où l'on me montre abusivement qu'il se trouve !) Ce matin — il neige, le goût du bonheur, « comme une magie épuisée », m'a déserté —, j'ouvre le petit livre et fais craqueler les pages glacées. Elles font un orgueilleux et sage bruit biblique, scolaire. Je lisse une page froide, où mes doigts laissent des traces pareilles à des traînées d'escargot sur une vitre, et lis :

« Jette ton cœur loin devant toi et cours l'attraper. »
Proverbe arabe.

J'ouvre la fenêtre, déboutonne ma chemise, m'entaille la poitrine à l'aide d'un imaginaire poignard (arabe, tiens, pourquoi pas, crochu et très tranchant), extrais mon muscle palpitant, du rouge précis et noble des cœurs vaillants (et épuisés !), le tiens une seconde, gluant et sautillant comme une truite écarlate au creux de ma paume, et finalement le lance, de toute ma force, dans la poudrerie. Je ne le vois pas tomber, loin, n'aperçois même pas sa trajectoire dans la neige indifférente à mon effrayant sacrifice, et qui continue de tomber follement et simplement. Vite, je descends m'habiller pour courir le chercher.

Oh, comme j'aime et comprends Flannery quand elle écrit : « Il est bien agréable d'être étiqueté excentrique et ensuite laissé tranquille »…

* * *

Il neige et il fait soleil en même temps. Je passe un long moment — je ne sais pas, peut-être quinze minutes, peut-être une heure ? — à la fenêtre, à suivre les nuances du jaune, du bleu, du rose, qui remuent sur le dos des vagues de neige, déjà déferlantes et immobiles dans le champ. Si j'étais peintre, je ferais de grandes toiles de cette neige, qui n'est jamais blanche, jamais tout à fait, qui s'irise, se pastelle, saigne pâle, bleuit comme une eau de lait, s'ensoleille comme un tapis de brins de paille. Je quitte la fenêtre pour ouvrir le livre d'entretiens de Jean Carrière avec Giono. Je lis, (c'est Giono qui parle) :

« Est-ce que tu peux savoir, par exemple, de quelle façon la fourmi envisag le monde ? Qu'est-ce qu'elle voit ? Imagines-tu une fourmi, par exemple, entrant ici ? Elle va se promener sur ce tapis, entre les pieds de ces messieurs, de ces dames, de toi et des miens. Elle va monter le long de ces rayons de la bibliothèque, et elle va se promener sur cet exemplaire de Shakespeare. Qu'est-ce qu'elle a vu de tout cela ? Qu'est-ce qu'elle sait de ce que nous sommes ? Qu'est-ce qu'elle sait de ce que nous faisons ? Qu'est-ce qu'elle sait de ce qu'il y a dans Shakespeare ? Hein ? Rien ! Ça ne la regarde pas. Elle a un monde particulier à elle, et qui sait si nous ne sommes pas dans un monde de fourmis aussi ? Et si à côté de nous il n'y a pas quelque chose que nous frôlons constamment sans le connaître... »

Je regarde à nouveau dehors, où le bleu a mauvi, le jaune a rosi, le gris clair s'est légèrement teinté de violet. Notre hiver est plus caraïbe qu'il n'y paraît, à première vue. Ah, si j'étais peintre !... Mais je barbouille, à grands sparages impatients et énervés. Papa savait. Sa patience, son attention, une grande passion résignée, appliquée aux nuances, sa détresse douce de ne pas savoir saisir ce bleu-blanc du bouleau, ce jaune-rouge de la souche, ce vert-gris-noir translucide du ruisseau qui va geler. Comme moi avec les mots, sans doute : tous les deux dans une ardente et chagrine approximation. Pourtant, ses arbres en automne sont plus vrais que les vrais, saisissants, d'une beauté effrayante ! Comme certains, peut-être, de mes passages enlevés, où j'ai su laisser deviner ce « quelque chose que nous frôlons constamment sans le connaître... ».

« Jean Carrière : Virgile n'est pas de ceux qui jouissent, il est de ceux qui disent comment on jouit.

« Giono : Bien sûr, mais c'est ça le rôle du poète, c'est le rôle de l'écrivain, c'est lui qui apprend à voir, qui apprend à regarder, qui apprend à écouter, à jouir, à sentir... Il apprend, non pas d'une façon didactique, ce n'est pas un professeur mais, tout simplement il l'apprend en faisant connaître aux autres de quelle façon lui, le sent, de quelle façon lui se débrouille avec ses sentiments et avec ses sens... »

Deux geais avancent, à pas menus de petites-sœurs-en-retard-à-la-messe, sur la croûte de neige. Ils trouvent les graines de tournesol que j'ai répandues, ce matin, à grands gestes de semeur de Millet, sur le banc de neige gelé, sous la fenêtre. Ce sont des oiseaux royaux, arrogants et timides, d'une fierté de princes exilés, revenant en leur royaume envahi par des ogres qui leur lancent négligemment des miettes, sans reconnaître ces anciens souverains pourtant toujours en grand apparat. Ils picorent fièrement, férocement, toutes leurs plumes bleues, mauves et inquiètes, au vent. De temps en temps, l'un d'eux pousse une criaillerie perçante où je crois distinguer la plainte affligée du monarque humilié. Je lève les bras, pour replacer ma couette tombante, et ils déguerpissent dans un beau désordre tapageur de seigneurs outragés.

« Giono : À notre époque, les écrivains ne se contentent pas d'écrire mais passent une grande partie de leur temps à expliquer ex cathedra ce qu'ils sont en train de faire... On place le sténographe plus haut que Balzac, plus haut que Stendhal même. On publie des carnets de notes mais pas d'œuvre. C'est le triomphe du voyeur... De là l'ennui. On essaie de le faire accepter au nom de la vérité mais ce qu'on propose n'est que la vérité des signes. C'est un commencement et non une fin. Au lieu de proclamer, surtout de croire, qu'après avoir dessiné le signe on a fini le boulot et qu'on peut aller à la terrasse des cafés, il faut dépasser l'observation des signes et se servir patiemment d'amour pour leur donner de l'âme... L'important est d'être subjectif... »

« J'abandonne » dans son sens, comme disait ma tante. Écrire, c'est chercher son noyé, le trouver, le remonter, le montrer. C'est aimer follement le bouquet, le fumet, la saveur de toutes choses, sans jamais pouvoir manger soi-même, car la tâche est de faire goûter. Comme au théâtre, on fait bien pleurer le public en retenant ses larmes, en montrant ce qui est triste, et rire en avalant ses spasmes, en montrant ce qui est désopilant. « L'inspiration, écrit Paoustovski, c'est une disposition solennelle pour le travail. » Gabrielle Roy, elle, sur la route d'Altamont avec sa mère, découvre l'ardente et amère vocation d'écrire : « Je suis devenue peu à peu une sorte de guetteuse des pensées et des êtres et cette passion pourtant sincère use l'insouciance qu'il faut pour vivre... Quelque temps plus tard me furent retirés le sentiment et la chaleur du réel... » Oui, on s'absente pour rendre l'univers présent, c'est comme ça, c'est notre lot.

Le champ rosit, comme si le ciel saignait pâle sur la neige. La chatte gratte à la porte, « essuie » les carreaux. Gide demandait souvent à Giono :

— Mais vous ne souffrez pas quand vous écrivez ?

— Si je souffrais, je chercherais à faire autre chose.

On ne souffre pas, non, on est comme l'abeille : on butine, on scelle, on descelle, on fait du miel pour les autres, on « travaille » sans cesse, on donne à lire comme une cruche se vide et sans cesse se remplit.

« Carrière : Est-ce que vous écrivez beaucoup tous les jours ? Plusieurs heures ? Combien d'heures ?

« Giono : Toute la journée. Ce qui ne veut pas dire que j'écris beaucoup... Trois pages, quand les choses viennent bien... »

Le soleil sort des nuées et je cligne des yeux, aveuglé par cette clarté effrayante et soudaine.

« Giono : L'homme a toujours le désir de quelque monstrueux objet. Et sa vie n'a de valeur que s'il la soumet entièrement à cette poursuite. »

Colette et ses chats, Melville et sa baleine blanche, Márquez et ses noyés des Caraïbes, Steinbeck et son *East of Eden*, Fitzgerald et son diamant gros comme le Ritz, Giono et son grand fleuve de Provence inventée, Dillard et son inépuisable Tinker Creek, Ferron et ses nuages fantasques dans le ciel de Québec, Flannery et ses vendeurs de bibles, ses paons fous, Ducharme et son hiver de force, Flaubert et son bêtisier sans fin, Gabrielle Roy et l'horizon perdu de l'Ouest, moi et mes *chutés de paradis*, mes perdus en forêt : nous sommes tous en marche, le cœur battant, vers ces espaces devinés au-delà des horizons, ces terres aventureuses où les lois du monde sont peut-être transgressées, abolies.

La lumière s'allonge sur la neige, comme un scintillement doux de météore tombant en poudre rose. Enfant, je restais des heures, tard le soir, tout seul, dans la cour, à contempler les étoiles chutées chez nous, à goûter les cristaux qui fondaient dans ma bouche comme du sucre, à me sentir, me savoir cosmologique et déjà rhapsode, enchanté secrètement. J'emmagasinais des brillances, des reflets, un brasillement précieux dans la nuit, « le monde sur le flanc de la truite ». Maman m'appelait, d'une voix inquiète, apeurée, et je rentrais à contrecœur, retrouvais l'artificielle et violente clarté de la cuisine, surpris de me retrouver dans un pauvre royaume trop brillamment illuminé, où les chaises, le poêle, la théière et le fusil de mon père, appuyé contre l'armoire, me semblaient le ménage d'un triste bateau échoué tout en bas du monde, abandonné et bruyant des mouvements exagérés d'une fausse vie, celle de chanceux et misérables rescapés.

« Giono : Alors quand on me dit : « oui, mais nous dominons l'atome ». Nous ne dominons rien du tout. L'homme, pour moi, vois-tu, c'est, et ça pourrait servir presque de conclusion à tous nos entretiens, c'est la fourmi dont je t'ai parlé dernièrement. Une fourmi arrive ici dans cette bibliothèque, elle se promène sur un exemplaire de Shakespeare, elle voit là quoi ? Du cuir, une matière qu'elle pourra peut-être griffer, mais qu'est-ce qu'elle sait du Hamlet qui est écrit à l'intérieur ? »

Et Carrière, médusé, bon écouteur, bon raisonneur, conclut : « Écrire, c'est ajouter au monde de l'outre-monde... »

J'allume le feu. « Dans ton combat contre le monde, seconde le monde », disait Kafka. Et je m'endors sur le divan, en écoutant la branche d'épinette gratter contre la vitre.

* * *

Le froufrou des ailes de la mésange ressemble au ronronnement de la chatte qui se frotte contre mon oreille. Bruits de bêtes au soleil, au coin de la galerie. Et le chien aussi grogne, ronronne quasiment, il est content et me lèche la nuque. Dans notre encoignure, nous sommes à l'abri du vent et la lumière nous chauffe tranquillement. Bruit du « bâton de pluie » jamaïcain, aussi, que fait le vent avec les petites fèves accrochées aux branches du caragana, bruit de courge sèche remuée par un bras fou. (Le *rainstick*, c'est ce bambou séché qu'on fait basculer lentement, comme un sablier, et alors on entend une pluie douce, puis drue, puis, si on le bascule vite et complètement, la grêle s'abattant sur un sol dur.) Sons secs d'hiver, tintements de glaçons, cristallins et joyeux, gros clac !, un peu effrayant, d'un morceau de tôle qui bat au vent, au-dessus de la porte de la grange, bruissement cartonneux des pas de la chatte sur le gazon gelé, frottement de la neige sèche qui glisse sur la glace de l'étang. Je ferme les yeux et découvre, en aveugle, les grattements de l'hiver. Alors la mémoire des sens travaille, associe, classe, part rapidement dans de courts voyages où je revois vitement des morceaux d'été, d'enfance, de songes, des scènes de ma rapide vie de grand occupé forcené. Giono écrit : « Vous n'imaginez pas la mémoire qu'il faut avoir pour arriver à vivre dans les étendues désertes et glacées. » C'est vrai : l'hiver nous oblige à nous souvenir. Ses bruits et ses lumières m'incitent, par exemple, à retrouver le caragana vivant et chargé de fleurettes jaunes cachant les épines, l'eau déprise de sa glace et dans laquelle on va s'enfoncer encore, comme l'été dernier, les jours de grande chaleur (complètement oubliés), l'herbe dansante et grasse, avec ses verts appétissants, le vent bruissant dans un fouillis de feuilles neuves et durables, le ciel généreux de soleil et d'orages…

J'ouvre les yeux, ébloui d'images vite arrivées, vite en allées, écoute à nouveau les raclements secs de l'hiver pur et dur, tout en dévisageant le soleil en pleine face. C'est facile, il est tombé dans le pin, et ne nous attrape plus que par de gros rayons poudreux, empoussiérés de neige, du jaune précis de l'œuf dans l'assiette. Une joie moelleuse, chaque fois nouvelle, me parvient de cette chaleur cachée dans les branches. Je vois le monde à ma façon, qui est unique, étrange et nécessaire. Je suis un extravagant et je prends le temps, mon temps. Un artiste prend ou ne prend pas le temps : ça donne une esquisse, un rapide trait de crayon (chef-d'œuvre abandonné) ou bien une toile, longtemps travaillée, parfois jusqu'au dégoût. Ça donne un court poème, ou un long roman. C'est ma vision qui compte, le temps que je passe devant les choses, la durée de ma hantise, de mon plaisir. Ma joie est à ce prix : voir, vitement ou longuement, savoir que je vis ! (Dillard : « Who could ever tire of this surfacing of awareness »…) Quelquefois, j'en ai le souffle coupé, la beauté m'essouffle vraiment, et je dure un bon moment dans une extase bien simple et bien compliquée, sûrement totalement inapparente. (Je dois avoir l'air de jongler à quelque tendresse oubliée, comme n'importe quel en allé dans la lune.) Je suis pourtant tout entier peuplé alors d'une merveilleuse espérance, d'une tranquillité insensée, plongé dans une sorte de coma de consentement à vivre illimité, éternel. Je prends mon temps en le perdant, comme de raison. Voir nécessite une liberté, un ballottement, une vacance. Errer, tout mou et tout concentré, comme en chasse.

> Comment peut-on jamais se lasser de ces recommencements de l'attention…

Dans *Noé*, Giono écrit : « J'ai ma vision du monde ; je suis le premier (parfois le seul) à me servir de cette vision, au lieu de me servir d'une vision commune. Ma sensibilité dépouille la réalité quotidienne de tous ses masques ; et la voilà telle qu'elle est : magique. Je suis un réaliste. Il faut se servir de cette micheline (vous savez, celle où nous sommes si souvent descendus de Manosque à Marseille) comme Rabelais se sert d'une baleine, le reste est vanité, orgueil et solitude : la vision commune est solitude. »

« La vision commune est solitude… » On regarde la télévision pour être moins seul et on se retrouve enfermé dans un cachot sur les murs duquel sont projetés les rêves des autres — des cauchemars, le plus souvent ! — qui nous transforment, comme le narrateur de *La Métamorphose*, en bibitte inexplicable. Mon attention, comme le faisceau d'une lampe de poche, erre et scrute, découvre et s'attarde à tous les détails du monde réel.

« Your attention discovers — seems thereby to produce — an array of interesting features in any object, like a lamp. »

Madame Dillard, encore, l'éveilleuse.

À force d'attention, tu découvres — parfois même on dirait que tu révèles — tout un éventail de caractéristiques fascinantes en chaque chose que tu regardes, comme si tu étais le rayon d'une lampe braquée sur elle.

J'écoute les branches qui s'entrechoquent dans le vent, s'emmêlent et fouettent, comme si une douzaine d'enfants jouaient aux « chevaliers de la table ronde », à vingt pieds de moi, avec des épées faites de branches de saule écorcées. Je me revois, enfant, Lancelot ou Richard Cœur de Lion, frappant les arbres et la fardoche de ma branche-épée, tuant des centaines de méchants et de maudits, jusqu'à ce que mon arme s'effiloche et laisse couler sur mon poignet un jus vert, qui avait le goût du noyau de pêche. Alors je me jetais à bras nus sur l'ennemi invisible, roulais avec lui dans l'herbe ou la neige, étreignais, avec une amoureuse haine, le monstre sans visage qui me prenait toute ma force et me délivrait enfin de cette inexplicable colère, mythique, et qui m'étouffait si je ne me battais pas. Je lâchais ma rage comme la mouffette lâche parfois son jus empoisonné, pour rien, sur le mur du hangar, comme le renard mord le cou de la poule déjà morte, comme cette vipère que j'ai vue, une fois, planter ses crocs dans une pierre en forme de crapaud : j'avais regardé couler le venin sur la roche et le rictus horrible de la bête, autour du caillou, m'avait fait presque plaisir à voir. L'humain est sauvage, indomptable et déchaîné quand il est assailli de désirs sans espérance. Ce n'est qu'à force de bien regarder, qu'à force de voir, qu'on s'apaise, qu'on appartient à nouveau au monde, qu'on comprend, qu'on trouve un peu sa place, étrange et précise, dans l'univers enchamaillé. L'attention sauve, la vraie, celle qui nous fait traverser les années et les tâches, chaudement hantés par notre vision, notre désir d'apprendre, de dompter les mystères, d'apprivoiser l'effroi et la beauté. Être humain, c'est être à l'affût et chassant, aux aguets. Nous ne sommes pas nés pour assister, béats, au spectacle de la Nature, des êtres et de l'Histoire, comme si l'univers était achevé et qu'il ne nous restait plus qu'à nous bâtir des esplanades et des observatoires, avec télescopes, écrans de télévision et fauteuils qui basculent. Nous sommes partie prenante (et drôlement prenante !), nous sommes branchés d'antennes et résonnants de signaux, de détresse ou de joie, de bonheur ou d'alarme, comme des insectes qui cherchent leur vie dans l'herbe. Nous avons des enthousiasmes d'enfant chercheur et des frousses de poursuivi par les loups. Et si nous n'observons pas, ne prenons pas de notes, si nous attendons lâchement que les chercheurs, dans leur tour d'ivoire, ou que les politiciens, dans leur tour de contrôle, trouvent, résolvent pour nous les grandes énigmes de l'univers et nous installent des chaises confortables pour assister à la représentation du monde, tranquille, apaisée, observable à distance, alors nous abandonnons notre vie, nous entrons dans le cauchemar, apparemment féerique, de l'existence virtuelle. Se savoir vivant c'est se savoir, non pas protégé et spectateur, mais marchant, cherchant, fouillant, à la fois téméraire et incertain, inquiet, espérant, n'ayant qu'une semaine, qu'un jour pour voir, connaître, comprendre. Et tu fais ce que tu as à faire avec ta passion à toi, ta vision à toi, ta fragile (et puissante quand même) erre d'aller.

Deux tourterelles se chauffent sur l'arête de tôle chauffée à blanc du toit du hangar. Leurs ombres font deux autres tourterelles à l'envers, et je les entends roucouler leur rapide bonheur, passager, une joie qui les fait se gonfler comme des poules et profiter pleinement de ce coup de chaleur inespéré. Elles s'endorment un moment sur le miroir blanc du toit, totalement épanouies, totalement offertes, en même temps, aux serres de la buse, qui rôde dans le ciel et doit les apercevoir de très loin. Nous savourons ainsi, parfois, l'accalmie, en oubliant béatement le piège. C'est notre seule grâce : la paix, l'amour, souvent posés, comme des morceaux de viande ou de fromage, sur la palette du piège bien tendu. Et alors nous prenons notre temps en sachant qu'il n'y a pas beaucoup de temps. Nous soufflons, nous nous refaisons des forces, notre corps sait qu'il en aura besoin. La vie est une bataille serrée, qui ne nous laisse pas beaucoup de répit. Toute nouvelle lumière nous éveille comme un gros bruit.

Les ombres bleues qui avancent sur la neige et foncent sur le chien et sur moi, sur notre coin de galerie, vont nous rejoindre sous peu... Je vis mes journées comme des aventures et tout m'interpelle. Je regarde avancer l'ombre noyante et ressens la bonne terreur du presque englouti. Juste comme les ombres attrapent les marches de la galerie, nous nous levons, le chien et moi, et nous mettons follement à courir, vers le champ encore éclairé. L'herbe craque sous nos pas, nous avançons en nous ébattant comme des souris dans une poche de riz.

Essoufflés, nous nous arrêtons au sommet d'une butte, d'où nous apercevons les monticules-maisons des marmottes, une bonne trentaine de bosses chevelues, dont chacune ressemble au dessin vite fait, pour se débarrasser, du pilote au Petit Prince, le fameux mouton dans sa boîte. Je ne me vois pas, je ne me regarde plus : je vois le monde, je suis sauvé.

Le soir descend si vite que nous ne sommes bientôt plus, le chien et moi, qu'une seule silhouette à six pattes et à deux têtes, tout en haut de la côte, face au ciel gris taupe. J'ouvre encore une fois ma boîte de couleurs imaginaire, et tente de peindre à larges coups le crépuscule enflammé devant moi. J'étale le jaune cadmium, le sépia, le vermillon, l'ocre cramoisi, le sienne brûlé, le bleu prussien, et je brosse à tour de bras. Je fais comme papa, le jour où je l'ai surpris « à brasser son ciel », debout dans la chaloupe, le chevalet grimpé sur un banc, les jambes écartées, la casquette sur le coin de la tête, au beau milieu du marais de la rivière aux serpents. Peindre était sa façon à lui de voir. Écrire est la mienne. Ah, si je savais peindre, comme lui, il me semble que je verrais mieux encore, écrirais mieux encore ! Mais je barbouille, gribouille, je fais semblant. Je rêve souvent que je peins, vraiment, et engrange ainsi des paysages que je n'oublierai jamais plus. Le soleil est descendu dans la brume grise du fin fond de l'horizon. Reste un sillon cramoisi, traversé par trois corneilles endeuillées. Nous rentrons lentement, le chien et moi, dans la brunante triste de ce soir de quatre heures de l'après-midi.

* * *

C'est un hiver de vents violents, qui poussent la neige au fond des champs, où elle s'arrête en vagues qui grimpent dans les pins. Aussitôt les branches sont secouées par une bourrasque qui vient de partout à la fois. Chaque rameau se délivre de son poids de neige avec de petits ou de grands gestes tordus, qui fouettent et sifflent, comme si les arbres, les morts comme les vivants, enduraient d'épouvantables épilepsies. Un écureuil s'est réfugié dans un trou du mur de la cave, et clame sa terreur de ce vent fou. La chatte l'attend, couchée devant le trou, tous ses poils ébouriffés comme l'herbe avant l'orage. J'écris dans une lumière d'argent vif, une espèce de clarté d'apocalypse, une grosse lueur impitoyable dans laquelle ni moi ni aucun des objets autour de moi ne faisons la plus maigre des ombres. Vous êtes tout à fait réveillé, mais dans un rêve. « Calme-toi ! », m'a-t-on si souvent répété, depuis mon commencement de petit animal énervé et curieux. Adolescent, j'étais un paquet d'êtres noirs et inexplicables, que je n'arrivais pas à oublier ni à dompter. J'étais un enfant lancé en orbite autour de planètes éblouissantes et terrifiantes, et qui me passaient devant les yeux et sous les pattes à toute vitesse. Un adolescent drogué par ses sensations, surchargé d'oxygène hallucinatoire, mais étiolé, engoncé dans son uniforme de collège, assoiffé, affamé, anorexique, les coudes brûlants sur son pupitre-comète, les yeux comme deux morceaux de braise dans la cendre de son visage. J'avais la cervelle bourrée d'innombrables syllabes invisibles, sorties de cent poèmes appris par cœur — et je devenais fou dès que j'oubliais un vers, et plus fou encore lorsqu'il me revenait, au détour d'un corridor plus noir que la nuit. Je savais que chaque parcelle de tout ce qui m'entourait, cuir déchiré des livres, goutte d'encre bleue sur mon pouce, bois mâchouillé de mon crayon, cheveux comme de l'étoupe emmêlée sur la nuque de mon voisin d'en face, que chaque insignifiant petit morceau de la réalité devait avoir une relation essentielle, originale, nécessaire, avec le grand univers, et je me décharnais, me fatiguais jusqu'à l'extase de ne pas savoir, de ne pas comprendre, et l'on jetait sur moi des regards effrayants, impitoyables, de ceux qu'on lance aux fous ou aux saints. Des mots de passe étaient chuchotés à mon oreille, entre deux sommeils peuplés de mystères et d'énigmes, et je les apprenais par cœur, eux aussi. Ça disait : « Il y a un monde. Il y a un autre monde, la vie est urgente, complexe, et merveilleuse. Tu dois apprendre les chemins de ton labyrinthe, par cœur, même si tu ignores comment tu y es entré, si tu pourras jamais en ressortir. » J'avais la foi, une foi ardente en l'univers, et qui me rongeait comme un acide. On faisait tout pour me décortiquer le monde, me le faire épeler, à l'envers plus souvent qu'à l'endroit, me le mettre en formules et en équations qui m'éloignaient, m'éloignaient de mon épouvantable appétit d'unité, de rondeur, de complétude. J'attrapais des fièvres de chercheur, tantôt exaucé, tantôt découragé, et je cuvais, à l'infirmerie du quatrième étage, dans mes draps mouillés, perdu dans la touffeur d'une pièce noire et qui sentait la maladie, mon effrayant désir et mes lamentables visions. Je dormais dans un oubli monstrueux, dont j'avais la terreur de ne plus jamais revenir. Je me réveillais, pourtant, alerté, remis au monde par la chanson triste du vent dans la fenêtre, par les simagrées de la neige, dehors, par les hiéroglyphes en étoiles du givre dans la grande vitre. J'apprenais une nécessaire hypocrisie, me conformais avec une terrible facilité, je répondais au prêtre-infirmier, debout devant moi, sa baguette badigeonnée de bleu de méthylène à la main :

— Je vais mieux.

— T'es sûr ? Ouvre la bouche ! Allez ! Ouvre !

J'ouvrais, recevais sur mes amygdales le frais poison au goût âcre, mais ma chimie était intacte, mes hantises restaient avec moi. Dès que le prêtre avait franchi la porte, je retrouvais ma solitude de savant fou, enfin laissé tranquille. Je me mettais à genoux dans le lit, dont le sommier couinait, avançais ma face, la collais à la fenêtre et recommençais mon exploration : j'allais enfin voir, c'était une question d'heures, de minutes, de secondes ! Je devais me concentrer entièrement, m'oublier totalement dans ma quête, travailler à la fine pointe de tout mon être, m'effacer, moi et mes peurs avec moi, plonger, m'immerger, et alors le temps et l'espace, comme deux rivières, rejoindraient un même grand fleuve… J'étais prêt à tous les martyres, à tous les fauves regards d'incompréhension, à la folie, à la haine des autres : je promenais mes sens comme des petites lampes chercheuses. Je fouillais et j'étais étrangement heureux, dans cette irremplaçable intimité avec le monde qui m'apportait la plus grande joie…

Il vente, il neige, il vente de la neige : je suis encerclé par une rumeur blanche qui avale les formes et noie les arbres comme de la fumée.

Le collège… J'avais quinze ans et j'étais à la fois extraordinairement éveillé et prodigieusement endormi. Je me jetais dans l'espérance comme dans le désespoir, avec la même imagination débridée. J'essayais de croire : en Dieu, en Jésus mourant et ressuscitant, en l'odeur de l'encens, de la colle, en l'écœurant et doucereux effluve de certains camarades. J'essayais l'amour, le désintéressé et l'intéressé, le Saint-Esprit et le corps frôleur d'un compagnon. Je m'accrochais partout, à tout, dans ma quête d'un monde naturel, primitif, originel, usant jusqu'à la transparence la petite membrane de peau qui sépare et relie la vie intérieure et le monde qu'on dit réel. Tout me provoquait, m'excitait, me relançait, et je commettais joyeusement toutes sortes de beaux péchés désaliénants. Je payais mes fautes à la salle d'étude, seul ou en compagnie d'autres pécheurs, installé sous une grande fenêtre où des branches, des oiseaux, des tourbillons de lumière et d'ombres me distrayaient de la page où je copiais quatre cents fois : « je ne dois plus faire ceci », « je ne dois plus penser cela », ou bien tel passage de Cicéron ou d'Aristote, qui parlait de sagesse, de silence ou de devoir. Mais aussitôt les mots changeaient de cap, allaient tout seuls où ils voulaient, et naissait alors le commencement d'une histoire que la fin de ma punition interrompait, et je marchais en somnambule jusqu'au réfectoire, dans une songerie où mes pas étaient plus immatériels qu'une déambulation d'ange. J'étais hanté, mon esprit dissous dans une alchimie d'invention à laquelle je ne comprenais rien, interpellé par des voix et des visages qu'il me semblait n'avoir jamais connus — à moins qu'au contraire (et par hasard ?) je les aie enfin rejoints, ces frères et ces sœurs restés en Paradis, dont la vie était béatement occupée à tâter, à humer, à voir, à accueillir sur leur peau, comme une rosée, le phosphore des étoiles ? Tous les livres que j'ouvrais m'exhortaient au péché du sentir et du ressentir. J'entrais dans un monde de lois hors catégorie, une sorte d'éternité de torpeur et de désir, le temps sans temps. Un remugle grouillant où je me débattais comme une guêpe engluée de pollen, attrapant puis lâchant des signes, des images, mémorisant puis oubliant tel étonnant regard, beau et terrible comme celui du chevreuil qui voit naître le jour, à travers les branches, comme un commencement de feu de forêt.

Mais j'ai déjà dit tout ça. Et puis je suis arrêté par le tapage désespéré de l'oiseau — encore un autre ! — qui se débat dans le tuyau du poêle. Il en chute au moins un par hiver. Attiré par la chaleur, il se laisse engourdir, s'endort bienheureusement au bord de la cheminée et se réveille, les ailes en bataille et maculées de suie, dans un couloir plus noir que le fond de son nid. Nous ouvrons alors la porte du poêle où l'oiseau — le plus souvent un étourneau, qui porte bien son nom d'étourdi — descend follement sur la braise, où nous l'attrapons, juste avant qu'il ne grésille, avec la puise ou le filet à papillons. Dans une seconde, je vais me lever et aller jouer au sauveteur, énervé par les grattements et les piaillements épouvantés de l'imbécile étourneau. Avant de quitter ma page, j'écoute encore un peu la conversation des arbres et du vent. Et je songe à mars, à l'arrivée du printemps, qui me rendra à nouveau le monde sensible, saisissable. Voici comment Giono parle de cette saison incertaine, le printemps, l'inespéré dégel, dont on finit par avoir une envie qui fait mal : « Le printemps arriva. Vous savez comment il est : saison grise, pâtures en poils de renard, neige en coquille d'œuf sur les sapinières, des coups de soleil fous couleur d'huile, des vents en tôle de fer-blanc, des eaux, des boues, des ruissellements, et tous les chemins luisants comme des baves de limace... »

J'en rêve, de ces « chemins luisants comme des baves de limace », où j'irai redécouvrir que, même si je suis un survivant râpé, grignoté, même si je prends de l'âge, même si je fus, plus souvent qu'à mon tour, dévoré, et même si j'ai pas mal dévoré, moi aussi, l'univers reste nouveau, originel, merveilleusement encore à connaître. Et Giono écrit encore — oui, oui, imprudent sansonnet, j'arrive ! — dans son livre le plus étrange, *Le poids du ciel* : « Ici je suis chez moi, nous sommes chez nous, ne faisant pas de différence entre seulement moi et enfin l'homme. Tout est à notre taille. La solitude me permet de connaître le grouillement énorme de ma vie. Voir est un délice ; entendre, un étonnement voluptueux ; vivre, une qualité. »

Voilà. Si je te délivre, te prends au filet et te remets dans le ciel, étourneau insensé, sauras-tu ta chance, savoureras-tu ta résurrection, chanteras-tu, autrement qu'en grinçant et chuintant, comme à ton accoutumée, ta délivrance ?

* * *

Gros soleil, aujourd'hui, comme si le tout-puissant Peintre-Sculpteur cherchait son style encore, essayait ses lumières, mélangeait sur sa vaste palette — le ciel, les champs, le jardin — le jaune doré et le bleu d'azur, enduisant la neige de brillances nacrées, de coulis abricot, de gris mouillés. L'autre tableau — le temps d'hier — gît, face au mur, dans le grand atelier du maître, momentanément oublié. Il y reviendra, lorsqu'une prochaine mauvaise humeur fera resurgir sa férocité, et alors réapparaîtront les blancs et les noirs très Borduas de l'hiver de force. Le grand manitou est une sorte d'emily dickinson, dont les bizarreries sont voulues, la chronologie incertaine et la ponctuation aléatoire. Mère nature, comme emily, est une poétesse spontanée, saccadée, malicieuse, qui s'accommode du gros mystère aussi bien que des toutes petites vérités, insaisissables. Le travail de mise au point ne lui est pas indispensable, elle nous le laisse, elle fait des vers libres, poèmes ou prose, journal intime discontinu et libre de toute contrainte. Saisie d'une incontrôlable frénésie, elle renonce à comprendre ce qu'elle peint, ce qu'elle écrit. Elle nous éblouit, nous effraie, nous embrouille, usant des formes, des couleurs et des sons selon son humeur toute-puissante, utilisant un vocabulaire généreux et touffu, que certain spécialiste que je connais nommerait « un langage privé ». Les métaphores sont abondantes et souvent obscures, parfois apparemment sans relief. Elle manie l'équivoque et le concret avec une sagesse inculte et un frémissement romantique qui nous laissent chamboulés et haletants. Emportée par sa magie tranquille, elle nous livre ses trouvailles, qui semblent dépasser son propre entendement, sans parler du nôtre. Son travail est un acharné labeur de laboratoire, à la fois studieux et braconnier. Elle ne conclut jamais, se cherche, se trouve, se perd, harmonieuse et fantasque. Je vous le dis, la nature est une emily dickinson, sans E ni D majuscules, puisque, comme l'écrit

Thomas H. Johnson, son biographe, la poétesse possédait « l'irrévocable certitude qu'elle n'avait pas besoin de gloire ». (Elle non plus, comme la nature : je vous le dis, elles sont extraordinairement pareilles !) Johnson dit, des dernières années d'emily : « Elle avait, devant elle, à peu près toute sa poésie, ses amitiés marquantes, l'amour qui illumina tant de ses années, sa réclusion… » Je me retrouve, me reconnais dans cette dense et rapide définition-là. Ma conception du monde, irraisonnée, mon côté taoïste, le cher paradoxe sans issue, la tristesse et l'exaltation, ma façon de jongler sans cesse avec des idées, non pas abstraites mais affectives, sensorielles. Mais écoutons emily elle-même — tellement elle-même qu'elle en devient ce tressaillement de fraîcheur inconsciente, une sorte de « sur-âme » transcendantale et fraternelle. Elle écrivait ses poèmes fugaces, laconiques, très concrets, sur des petits bouts de papier qu'elle enfouissait aussitôt dans la poche de son tablier, comme s'il se fût agi de la recette d'une friandise, ou d'un philtre d'amour, et partait alors fricasser dans sa cuisine ou humer et écouter dans son jardin de nonne, tout petit et magique, et qui donnait d'un côté sur la rue inaccessible et de l'autre sur la vallée d'Amherst, Massachusetts, magnifique et inatteignable, elle aussi.

> J'habite le possible
> Une maison plus belle que la Prose
> Pourvue de plus grandes fenêtres
> Et de portes plus hautes
> Comme les grands cèdres ses chambres
> Sont imprenables pour l'œil
> Elle a pour toit éternel
> Les pignons de l'Azur
> Et reçoit les plus beaux des visiteurs (moi : « les oiseaux,
> [pour sûr »)

Dans cette grande maison-là, je n'ai qu'une seule besogne
Ouvrir bien grandes mes étroites mains
Pour ramasser le Paradis.

emily se lève brusquement, son poème achevé, et comme piquée par une invisible guêpe. Elle traverse le pauvre et joli jardin, va coller son oreille à la haute palissade de bois qui sépare son petit paradis de la rue, écoute un moment rouler une charrette sur le pavé, chanter une fauvette dans le marronnier, puis elle file à la cuisine, passe dans l'ombre fraîche de la maison, déambule, comme le fantôme d'elle-même, dans la pièce large et basse comme un réfectoire de couvent, se rend à la table où l'attendent des tiges de glaïeuls à réunir en bouquet, ou bien la pâte d'une tarte à pétrir. Vers six heures, assise encore sur la maigre chaise du jardin, elle sort à nouveau de la poche de son tablier un petit carré de papier, découpé dans un sac de farine (j'ai, bien sûr, volé à emily cette belle manie, pour la donner à mon Aubert-poète chez les bûcherons), porte la pointe de son crayon à ses lèvres, la mouille d'un coup de langue étrangement amoureux, quasiment voluptueux, et trace ces mots nouveaux, dont elle ignore la provenance et méprise la destination :

> Bien sûr je prie
> Mais Dieu s'en soucie-t-il ?
> Il s'inquiète autant de moi
> Que de l'oiseau qui de sa patte
> Frapperait l'air
> Et crierait « Donne-moi ! »

Le soir descend sur le jardin et sa fraîcheur libère des senteurs ensorcelantes. Celle du chèvrefeuille, qui grimpe le long de la clôture, celle de la terre remuée, tout à l'heure, pour planter les graines de citrouille, celle des « étroites mains », encore maculées de farine. Alors elle songe à cet homme, qui n'a fait que passer, et qu'elle aurait tant aimé aimer, douloureusement, longtemps. Oh elle sait bien, elle le sait de toute son âme, qu'elle n'aurait pas pu, pas su, qu'elle aurait été trop étonnée, trop heureuse, qu'elle en serait morte étouffée, de cet amour qui aurait pris trop de place. Alors elle écrit, à l'endos du petit papier, au verso du dernier poème, comme on griffonne un indice dont on espère qu'il ne sera jamais découvert, tout en désirant follement qu'on l'aperçoive et qu'on sache :

> Si seuls les siècles
> Nous séparaient, je les compterais sur ma main,
> Les soustrayant, à perdre tous mes doigts.

Honteuse mais pourtant heureuse, rouge d'un aveu si vite lâché sous le tilleul, à personne destiné — peut-être au moqueur-chat dans la haie —, emily joue à s'évanouir. Elle se laisse glisser de sa chaise, comme une poupée de chiffon, un long spectre souple ceint d'un tablier taché du sang des mûres, et qui coule sur le sol. Elle joue à mourir, à disparaître, à ne plus compter sur la terre, à n'être à tout jamais qu'une longue enfant endormie dans la poussière d'un jardin oublié. Sa sœur, peut-être, la surprend, étendue sur la terre comme une morte, comme un chardonneret chuté du nid, finissant doucement sa vie dans l'odeur de l'herbe. emily se laisse relever comme un paquet de quelque chose de mort et de léger, se laisse ensuite conduire par le bras jusqu'à sa chambre, jusqu'à son lit où elle s'allonge comme une gisante, le regard mystérieusement ébloui. Un coup sa sœur sortie silencieusement de la chambre, emily se lève, s'avance comme en songe jusqu'à la table. Il y a une pile de petits papiers, dans le tiroir du secrétaire, celui du bas, comme une cachette. La clef est à son cou. Elle ne la détache pas du mince collier de cuir mais se penche, introduit la clef, la tourne d'un coup sec. Elle n'allume pas la chandelle, tâte et trouve facilement le crayon, le petit carré de sac d'épicerie, et note, dans le noir, troublée et heureuse, en aveugle, et pourtant si sûre :

> Je mourus pour la beauté, mais j'étais à peine
> Mise au tombeau
> Qu'on ensevelit un mort qui s'éteignit pour la vérité
> Dans la tombe voisine.
>
> Doucement, il demanda pourquoi j'étais morte.
> Je répondis : « Pour la beauté ».
> « Moi pour la vérité, les deux font un,
> Nous sommes frères », dit-il.
>
> Ainsi, parents retrouvés dans la nuit,
> De tombe à tombe nous avons parlé
> Jusqu'à ce que la mousse prît nos lèvres
> Et couvrît notre nom.

Puis elle marche, en morte contente, jusqu'au lit où elle se laisse tomber de tout son poids, comme dans une eau fraîche et noire, qui depuis toujours l'attendait, l'attend, l'attendra.

Elle a publié six petits poèmes, seulement, de son vivant. Elle est morte en jouant à mourir, sans doute, espiègle et tendrement malicieuse : elle a disparu vraiment, dans son jardin, a rendu l'âme entre les citrouilles géantes du potager et le marronnier, après avoir écrit, peut-être, sur une feuille sèche, avec la pointe d'une tige de tournesol saucée dans sa salive :

La généalogie du miel
point n'importe à l'abeille.

Sans gloire, sans amertume, sans effroi, emily est, comme on dit, partie comme un petit oiseau.

Pouvait vivre — vécut. Pouvait mourir — mourut.
Pouvait en sourire surtout.

Ce sont ces deux vers joyeux, terribles et définitifs, que j'aurais fait graver sur l'humble granit de sa tombe, si j'avais été la grande sœur éberluée et confiante d'emily, son volage ange-gardien, à Amherst, Massachusetts, en ce jour plus tranquille encore que les autres, de l'an 1886, où s'envola, anecdotiquement, la griffonneuse aux étroites mains, qui disait la vie et la mort « pareilles à deux fleurs sur une même tige »…

Le chien mène grand vacarme, à côté de moi. Il piétine, couine, frétille du derrière et mord le soleil. Son œil mauvais et comique me clame : « Si tu ne viens pas marcher avec moi dans le bois, je ne te laisserai plus jamais fourrer tes deux "étroites mains" dans mes poils ! » Je glisse emily dans ma poche (où elle ne tient pas plus de place que l'un de ses petits papiers à elle, dans la poche de son tablier), relève mon capuchon et m'élance à grandes enjambées de raquetteur dans le champ. La neige craque sous nos six pattes comme du gros sel. Le vent, encore, se lève et les branches claquent. En arrivant aux cenelliers, je lance en prenant ma voix pointue qui énerve le chien, cet aphorisme dru et court d'emily, et qui ne résonne pas longtemps dans l'air en tourmente : « Nous sommes toujours en danger de magie ! »

Le chien, bien sûr, saute et jappe. C'est que j'ai hurlé le petit vers en fixant la hauteur des pins, où il croit que j'ai repéré, avant lui, le chat sauvage.

Tout à l'heure — j'en ai déjà un gros plaisir ! —, je relirai la belle pièce de théâtre que mon ami Michel Garneau a faite avec l'espiègle et tendre, la sainte emily païenne, et qui porte un si beau titre, « en danger de magie » : *emily ne sera plus jamais cueillie par l'anémone.*

* * *

Si, par exemple, ce matin, toutes les trois tendrement penchées sur mon épaule, Flannery, emily et madame Dillard lisaient ensemble et approuvaient d'un sourire, d'un soupir ou bien simplement de l'éclat pointu d'un regard complice, ou seulement surpris, mon écrit, j'achèverais toutes mes phrases heureusement, sans nul autre besoin de gloire que l'espiègle et tendre attention de ces trois-là pour récompenser ma bonne fatigue de scribouilleur « invertébré » — comme aurait dit ma tante, qui « se déchangeait » pour aller à la messe et sortait ses « dividanges » sur le balcon de sa petite maison, sous les ormes de la grand-rue.

Autrement, ce qu'en pensera, ce qu'en dira tout un chacun… « La généalogie du miel point n'importe à l'abeille. » Et qu'on s'arrange avec ça. J'essaie, simplement, de devenir, comme l'écrit Jean Carrière, « un homme à peu près normal, c'est-à-dire capable de s'utiliser sans brûler vif ».

* * *

Il vente encore, à secouer la maison, à empêcher les oiseaux de voler et de s'approcher des mangeoires, d'où les graines revolent. Alors, c'est comme si un semeur invisible lançait, par grands gestes désordonnés, des graines de millet et de tournesol sur les bancs de neige, où elles vont se piquer et sont tout de suite saupoudrées de farine de glace. J'imagine alors des tournesols et des épis de millet, surgissant de la terre blanche... Je m'efforce à la patience et à l'espérance, dans la tourmente qui dure, qui écourte le plaisir des sens et allonge le travail. Je relis ce qu'écrit Giono, dans son beau livre *Rondeur des jours*, sur la vocation de l'écrivain : « Le poète doit être un professeur d'espérance. »

Déjà je suis raplombé et fais le feu, le café et la pâtée des chats, réchauffé par l'encouragement de mon vieil ami, sa parole à la fois cordiale et impitoyable.

« Il est une sorte de monstre dont les sens ont une forte personnalité ; lui, le poète, il est là au milieu de ses bras, de ses mains, de ses yeux, de ses oreilles, de sa peau, comme un petit enfant emporté par les géants... »

Et il ajoute, magistral, incontestable : « Il est obligé de voir plus loin, il est obligé de pressentir... Son travail à lui c'est de dire. Il a été désigné pour ça. Les autres font. Alors, en toute justice, pour qu'il ait la permission de vivre, il doit être un professeur d'espérance »...

La chatte lèche le fond de mon bol de café, plus précisément la dentelle de lait étoilée sur les parois de la tasse. Si je savais « lire dans le café », peut-être que, dans les signes qui restent, après la dégustation précautionneuse de la chatte, je découvrirais quelque raison inattendue de m'en tenir à ce travail de professeur d'espérance...

« Par tout notre corps nous avons faim d'un monde véritable. Voilà la mission du poète. »

Et mets ça dans ton tabac, ce matin, visionnaire à la courte vue, toi qui es tenté d'hiberner, d'attendre et d'oublier, de dormir, impatient et découragé, jusqu'au lointain commencement d'avril.

« Je chante le rythme mouvant du désordre... »

Je le chante aussi, dans la neige enseveli, la chatte sur mes genoux.

« La superposition de ma liberté et de ma sujétion est à chaque instant d'une extrême volupté. À chaque instant, un délicieux supplice par l'espérance me pousse tout frissonnant le long de ma vie... »

Oui, à chaque instant capituler et triompher, se rendre et se battre, abdiquer et remporter sur cette reddition-là même une victoire, avancer grignoté, blessé, palpitant et mutilé, pareil à l'épiderme graveleux de la baleine, ouvert par endroits, déchiré par un rocher de haut-fond, le tranchant d'une hélice ou bien le pointu d'un harpon, planté d'huîtres, moucheté de moules, cousu de bigorneaux, d'algues et de coraux, et tout ce petit monde vit sur le mastodonte comme sur une île bienheureuse et mouvante... Se savoir abîmé et survivant, comme l'arbre plié par l'orage, fendu en ses plus fortes branches, verdissant en forcené, mais verdissant tout de même, profitant d'avril furieusement et simplement, du soleil et des pluies, sans repos mais tranquille, pourvu d'une conscience obligée d'espérant... Et Annie Dillard ajoute (surajoute, insiste, enfonce le clou, l'enfonce dans ma chair déchirée, cicatrisée, rouverte, dans ma chair-fossile) : « Physical wholeness is not something we have barring accident : it is itself accidental, an accident of infancy, like a baby's fontanel or the egg-tooth on a hatchling. »

> *L'intégrité physique n'est pas un attribut que nous posséderions de naissance, sauf accident ; elle est en soi accidentelle, c'est un accident de la petite enfance, comme la fontanelle du bébé, ou ce diamant à la pointe du bec de l'oisillon et qui l'aide à sortir de l'œuf...*

Nous ne sommes peut-être pas le lieu le plus propre et le plus neuf, mais ce fameux lieu idéal, immaculé et intemporel, qui surplomberait notre vie comme une voûte, n'est pas un lieu du tout. Nous sommes incomplets, fragiles et perpétuellement grugés, attaqués, travaillés par des usures, des maladies proliférantes et souvent malignes. Mais l'air court toujours dans notre sang et c'est ça, l'espérance, le renouveau quotidien de l'air dans notre cage, où loge aussi le cœur. Dillard achève ainsi sa méditation cosmologique, au bord de Tinker Creek, « plantée dans l'herbe comme de l'air » : « I am a sacrifice bound with cords to the horns of the world's rock altar, waiting for worms. I take a deep breath, I open my eyes. Looking, I see there are worms in the horns of the altar like live maggots in amber, there are shells of worms in the rock and moths flapping at my eyes. A wind from noplace rises. A sense of the real exults me ; the cords loose ; I walk on my way. »

> *Pareille à un sacrifice, je suis attachée par des cordes aux cornes de cet autel de roc qu'est le monde, et j'attends les vers. Je prends une profonde respiration et j'ouvre les yeux. Lorsque je regarde, je m'aperçois qu'il y a des vers dans les cornes de l'autel, comme des asticots vivants dans l'ambre. Il y a aussi des coquilles de vers dans le roc et des papillons de nuit qui viennent battre des ailes dans mes yeux. Un vent venu de nulle part se lève. Une conscience aiguë du réel m'emplit d'allégresse. Puis les cordes se desserrent et je poursuis mon chemin.*

Oui, l'allégresse dans le lieu et le temps mêmes des égratignures, des blessures, des rongements, de la dévoration. L'espérance ! Et le mystère qui la fait durer. Giono, encore : « Rien que la reproduction des équidistances dans les dessins géométriques des taches brunes d'œufs d'alouette, il y a cent vies de savant à user et mille livres à écrire. (Moi : « Et ici, je songe à Jonathan Weiner et à ses becs de chardonnerets des îles Galapagos ! ») Le terriblement grave, c'est qu'on peut le prendre à partir de là ou à partir du cancer, on arrive toujours et quand même dans le grand élargissement panique de la vie où tout de suite tout est sans bornes… »

La panique et l'espérance, dans la même seconde de misère

et de joie. Je connais ça. Toutes mes secondes sont effrayantes et heureuses…

Une mésange se perche, à la verticale, sur la chaîne qui retient la mangeoire. On dirait l'un de ces fantaisistes volatiles décoratifs qui ornent l'arbre de Noël. Comment se plient donc ses pattes ? L'oiseau a une souplesse d'acrobate, et le voilà qui pousse son « tchi-ka-di-di-di », comme une petite musique de cirque, pour saluer son propre exploit. Même la chatte le reluque, tout éberluée. Il neige et neige et neige, et la mésange fait du trapèze, fière de ses pattes solides et pliables. Et nous restons un bon moment à la fenêtre, la chatte et moi, admiratifs, béats, à détailler la voltigeuse qui se balance sur fond de poudrerie. La voilà, la vraie professeure d'espérance ! Giono, toujours : « Nous sommes trop vêtus de villes et de murs. Nous avons trop l'habitude de nous voir sous notre forme antinaturelle… Nous ne savons plus que nous sommes des animaux libres… Notre but n'est pas d'être assis dans un fauteuil et d'acheter tout le blé du monde, en lançant des messages le long des câbles transocéaniques. Ce n'est pas pour ça que notre pouce est opposable aux autres doigts. Tout ce qui travaille dans notre faux monde est réclamé par nos pantalons, nos vestes, nos robes, nos souliers, nos chapeaux. Mais nos pieds veulent marcher dans l'herbe fraîche, nos jambes veulent courir après les cerfs et serrer le ventre des chevaux, battre l'eau derrière nous pendant que nous écartons le courant avec nos bras… »

Des animaux libres… Je revois, tout à coup, l'écrivain Barry Lopez, couché dans la toundra, enveloppé de son parka, immobile comme une longue pierre, en train d'observer le manège d'un *ground squirrel* (qu'est-ce ? Une espèce de marmotte ou de rat du nord, de chien de prairie arctique ? Adressez votre réponse à mon éditeur, s.v.p.). Il est attentif et rêveur, dans cette espèce de demi-sommeil relâché et circonspect dont il a le secret, comme tous les grands témoins oculaires, auditifs et olfactifs, comme tous les « *field observers on the loose* ». La bête est aux trois quarts cachée, accroupie derrière une pierre et, de temps en temps, lève et tourne la tête, comme si elle essayait de repérer un danger, une menace. Lopez se dit qu'il peut s'agir d'un ours et qu'alors il serait en péril, lui aussi, pour sûr. Il ne lâche pas la bestiole de l'œil, attentif et hiératique sur sa mince couche de lichens. Si l'animal se détend, si Lopez aperçoit les épaules de la bête qui s'affaissent, s'il voit s'éloigner la peur dans le regard noir et fixe, enfin si le *ground squirrel* abandonne sa vigie et se remet tranquillement à trottiner dans l'herbe, alors l'explorateur-écrivain se déraidira, remuera à son tour et scrutera l'horizon lointain pour tenter de découvrir le gros animal, l'ours ou le caribou, en fuite. Il écrit, tout de suite après l'incident — je le vois fouiller dans son sac de nylon, trouver le crayon, le carnet, souffler sur ses doigts gourds, tracer les mots dans une sorte d'ardente mais équanime transe de poète-prospecteur :

> Observateurs de la nature en vadrouille.

« I lay there knowing something eerie ties us to the world of animals. Sometimes the animals pull you backward into it. You share hunger and fear with them like salt in the blood. »

Je reste étendu là, persuadé qu'un lien surnaturel nous rattache au monde des animaux. Souvent, la présence des animaux nous tire vers ce mystère-là. Nous avons en commun avec eux les brûlures de la faim et de la peur, ainsi que la présence du sel dans notre sang.

Lopez se lève, se secoue, se dégourdit, va voir derrière la roche : aucune trace du passage, du guet du *ground squirrel*, pas même la fragrance de son effroi, pas le moindre effluve autour de la pierre et, bien sûr, pas une herbe froissée, pas un caillou renversé. Et Lopez alors écrit :

« I went back to camp mulling the arrangements animals

manage in space and time — their migrations, their patience, their lairs. Did they have intentions as well as courage and caution ? Few things provoke like the presence of wild animals. They pull at us like tidal currents with questions of volition, of ethical involvement, of ancestry… »

> Je suis revenu au camp en songeant à la complexité des rapports qu'entretiennent les animaux avec le temps et l'espace : leurs migrations, leur patience, tous leurs réseaux et repaires. Ont-ils vraiment des désirs, du courage, de la perspicacité ? Peu d'êtres vivants nous défient à la manière des animaux sauvages. Ils nous bouleversent, comme le font les grandes marées, nous hantent en posant sans cesse pour nous les grandes questions de la détermination, du sens de la responsabilité et de l'importance de notre héritage génétique et du passé en général.

Wild animals, animaux libres… Nos allées et venues (nos migrations), notre patience, nos rares repaires, le mystère de notre courage et de nos désespérances, nos guets, nos effrois, notre soulagement toujours incertain, factuel, transitoire, notre espérance inconnaissable, nos atavismes secrets, notre erre d'aller excitée par des désirs, des terreurs, des visions indéfinies, des idées intraduisibles en concepts clairs et nets, parfois transcodés en philosophie improbable, imaginaire, notre errance aux allures de destin…

Le beau livre de Lopez — *Arctic dreams, imagination and desire in a northern landscape* —, il faudrait que j'en parle longuement, attentivement. Et aussi des animaux libres que nous sommes, avec tout ce que ce libre-là comprend de servitudes, comme de raison, et d'après moi. Encore moi, encore *ma* vision du monde. (Giono : « Quand je veux connaître, c'est de moi-même que je me sers. »)

Professer l'espérance, oui, même si, comme l'écrit Gabrielle Roy, nous portons tous « sur le visage, la marque d'une sorte d'intoxication puisée à l'étrangeté de la nuit »…

* * *

Il vente, il vente, il vente ! La maison file dans un harmattan, une tramontane, une débourrée effrayante et qui n'en finit pas de chuinter, de siffler, d'arracher des gémissements et des cris aux fenêtres, à la cheminée, aux branches qui fouettent les murs. Je songe à Aubert, dans son « shack », encerclé par la poudrerie et professant l'espérance à pleines pages, écrivant à Marie-Thérèse et à la « jument rieuse », au nom des fiancés « bûcheux », ses camarades tendres et violents de la Mattawin. Aubert, écrivain public, lui qui ne sait rien du cœur des autres, ni même du sien, et qui devine tout… Le Petit Aigle à tête blanche, mon semblable différent, avec ses *grelots* et son *espérance*… J'ai eu beau tâcher d'expliquer, à qui mieux mieux, d'où m'était venu ce poète chuté du paradis, je n'ai pas même le soupçon, vraiment, de sa « genèse », pour parler *bibliquement*, comme lui. Sans doute de *mon* désir, de *mes* effrois, oui, mais de plus loin encore, d'une nécessité secrète, irrévocable, qui m'a pris pour instrument, pour chemin, qui a usé de mon don, comme l'avenir, qui doit absolument trouver moyen de s'annoncer, se sert de l'oracle. J'écrivais sans savoir, sans comprendre, découvrant, à mesure que les phrases s'éployaient, le destin enfoui, puis poussif, l'échappée belle d'une vie qui venait enfin au monde. Et alors j'écrivais emporté, soulevé, bousculé, *hâtif,* comme la tête du bébé ou la tige du perce-neige : je naissais en faisant naître. L'alchimie du faiseur d'histoires, c'est ça, et rien d'autre : le labeur d'une sage-femme qui souffle, force et se repose, qui pousse, retient ses efforts et pousse encore, qui se fait mère pour l'incalculable durée de la naissance, mais pas plus loin. (Il n'y a pas d'autre mystère que celui de la nativité, mais celui-là, on ne l'élucidera jamais.) L'accoucheur n'est pas un sorcier, ni la sage-femme une magicienne : ils sont l'un et l'autre des passeurs, des convoyeurs, des obnubilés de l'acte de naître, des tourmentés de l'extrême nécessité de la vie, puis de la survie, de l'indispensable présence au monde. L'écrivain n'est pas mythique, il est mystifié, c'est tout. Et il témoigne, de son libre arbitre, et abondamment, puisqu'il est bonimenteur, a plein d'images à sa main et sait se faire avocat de tous les diables et aussi des anges qui veillent, paraît-il, pieusement, autour des berceaux.

Il vente et vente, encore et toujours. La poudrerie ne s'arrêtera plus jamais et je disparaîtrai, écrivain-passeur, pauvre professeur d'espérance, enseveli dans la neige, comme une fourmi dans le sable...

Je m'habille, m'enveloppe « comme une coupure » — papa disait ça, en enfilant veste par-dessus chandails, pour aller pêcher sur le lac — et fonce, suivi du chien, dans la tourmente. Je ne sais pas si je m'oriente vers le bois ou en direction du lac. Au bout de cent pas, je m'arrête, essoufflé, la bouche et le menton encroûtés d'une brouillasse de givre qui a le goût de la rouille de clôture. Je me laisse tomber à genoux et c'est comme si je chutais dans un tas de bran de scie. Le chien se lamente et entreprend de gratter, de racler la neige. Je fais pareil, à tour de bras, si bien qu'au bout d'une petite éternité de ce creusage qui nous chauffe heureusement le sang, nous apercevons le bleu-noir de la glace. Nous sommes sur le lac, pas de doute. Je me penche plus encore, colle quasiment mes yeux sur le miroir ombreux, où sont prisonnières des bulles, pareilles à des billes incrustées dans le cristal nuiteux. Je gratte encore un peu, élargis ma tranchée, soufflant devant moi une grosse nuée blanche, comme si je fumais six pipes à la fois. Le chien gratte et fouille, plus vite que moi, si bien que c'est lui qui découvre, jappant et couinant, le gros ouaouaron enfermé dans la glace, les yeux clos, les pattes écartées, la gueule ouverte. Le ventre gonflé est ouvert sur le côté et un long ruban de tripes zigzague vers le noir du fond. Il remontait prendre son air et le gel l'a pris, l'a tué, étripé, et le voici tout bien conservé dans l'instant considérable et tout ordinaire de son anéantissement. Il y a quelque chose d'auguste et de poignant dans cette pose pétrifiée, dans cette espèce de supplication qui vient trop tard et pourtant insiste, dure, s'éternise. Nous ne devions pas apercevoir ça, le chien et moi. Nous venons de piller une sépulture, de découvrir honteusement un mort qui se reposait tranquillement. Pourtant nous restons là, immobiles, recueillis, tous les deux, devant la vitre où est captif le gros ouaouaron, arrêté pour toujours. Et pendant un long moment je « veille au mort », me raconte l'intense vie du ouaouaron dans l'étang, ses coassements caverneux, le gonflement excessif de son gorgoton, sa compétence à happer la mouche, ses longues dormances alanguies sur la feuille de nénuphar. Je songe même, une seconde, à Monsieur Toung, le ouaouaron de Gabrielle Roy, qui a duré trois étés, avant d'être attrapé par le héron.

« Monsieur Toung ! Êtes-vous parti ou faites-vous le mort ? »

L'écrivain et son amie Berthe ont beau s'époumoner — « Toung ! Toung ! Toung ! » —, le ouaouaron ne répond plus. Et Gabrielle Roy achève ainsi son récit : « Pour nous c'était maintenant un peu comme si ce coin du monde s'était dépeuplé ».

La bourrasque me sort de ma méditation. Pauvre orant solennel et irraisonnable, la tourmente arrêtera la tienne, de vie, si tu ne te remues pas, et vite ! Nous retraversons à grandes enjambées le champ de gros sel. J'aperçois vite la fenêtre, puis ma table, les livres, le manuscrit ouvert, le bol de café encore chaud, peut-être. Je cours, en récitant très fort pour faire hurler le chien, le chant des parulines, à la Pierre Morency :

« Petit, petit pantalon huit ! dit la jaune ; et la masquée : si petit, si petit. Est-il, est-il si piteux ? demande la triste. La verte à gorge noire dit que tu dis que tu étudies… »

Le chien feule comme un loup et alors j'éclate d'un grand rire, qui est moitié délivrance, moitié désenchantement. C'est que, quand j'aurai « tout dit tout dit tout dit », pour parler comme la paruline de Morency, je n'aurai rien dit, rien dit du tout, du tout, du tout…

* * *

Je ne dispose pas de beaucoup de temps sur la Terre. Je parle du *vrai temps*, de ces heures à l'affût, de ces après-midi de battue, de traque, de piégeage, d'attention. Je parle de ces entrefaites de vigilance et d'étude, de ces intenses secondes d'apprentissage, d'initiation, de raccord et de soudage, de réunion avec le monde vivant. Je parle de ce temps qu'on gagne en le perdant, de ces vagabondages qui vous font plus connaissant et moins important, de ces échappées belles qui rachètent les enfermements, les entêtements, lavent de la honte de vouloir, de convoiter, d'attendre bêtement, obstinément, comme un prince de conte, que plus rien ne fait rire ni pleurer, une métamorphose chimérique. Je parle de ces instants sortis des horloges et des agendas, braconniers et buissonniers, ces extraordinaires moments ordinaires qui vous trouvent, alangui mais aux aguets, au bord d'un ruisseau ou la face plongée dans un très beau livre, ces précieuses minutes où vous n'agissez plus mais pendant lesquelles *on* agit sur vous, et vous êtes le lieu d'un abandon, d'une amélioration, d'une modulation, parfois d'une transmutation. Je parle de cette durée inestimable, effrayante et joyeuse, pendant laquelle votre crayon trace des mots, des formes, votre plume se fait pinceau, et alors vous voyez en faisant voir, vous êtes semeur et récolteur en même temps, remboursé de tous vos tristes et parfois longs efforts : vous êtes en train d'hériter, d'être récompensé, d'accueillir, de *percevoir*. Je parle de ce temps d'aujourd'hui, d'en ce moment, de nos jours, où vous fréquentez les mystères et saisissez l'occasion de vous reconnaître en eux, avec tous vos secrets très personnels, votre perplexité et votre aplomb, aussi déraisonnables l'une que l'autre. Je parle de ce temps incalculable, et qui passe béatement comme une eau fraîche coulant sur vous, pendant lequel vous découvrez que votre dignité surgit au moment précis où vous cessez de la réclamer, et la vérité avec elle. Alors vous réalisez que ce que vous pouvez tirer de meilleur de vos espérances et de vos terreurs, c'est une histoire, une métaphore, une certitude bien paradoxale, quasiment ironique, et que vous en êtes à la fois l'auteur et le lecteur privilégié.

Je parle de *mon* temps, bien sûr, indéfini mais à coup sûr trop court, inappréciable, mais à moi, rien qu'à moi, de ce précieux temps — comme on dit : « précieux sang » — qui m'est consubstantiel, indispensable et qui m'appartient et m'échappe, comme de raison, comme l'air qui entre en moi, me traverse, me parcourt tout entier et ressort aussitôt par ma bouche, déjà plus à moi.

Les Indiens navajos se livrent à certains rituels chantés, destinés à restaurer, chez l'individu prostré et mélancolique, la claire certitude de son immanence, de sa nécessaire présence au monde. Ils ont des noms étonnants, pour ces cérémonies de renaissance : *Enemy-way, Coyote way, Red ant way, Ugly way*. L'une d'entre elles s'appelle *Beauty way*. Le rite consiste en une invocation de la cohérence et de l'harmonie de l'univers, du cosmos, de l'irréductible et magistrale complexité du mouvement qui

La voie de l'ennemi, la voie du coyote, la voie de la fourmi rouge, la voie de l'épouvante, la voie de la beauté.

préside à tous les changements, à ces bouleversements nécessaires, inévitables, que nous endurons pendant notre durée sur la Terre. Le but du rituel est de recréer, dans l'âme de «l'aliéné provisoire», l'ancienne cohérence, l'ancienne harmonie, de redonner au «malade» les moyens de *percevoir* à nouveau, de redevenir le témoin-réceptacle des innombrables et durables interconnections de tous les éléments naturels, dont il fait, lui, simplement mais entièrement partie. Les Navajos croient que nous existons au point de rencontre précis de deux mondes, de deux *paysages* : l'univers cosmologique et l'âme — *the interior landscape*. Et que d'être attentif à l'un de ses *landscapes* plus ou moins qu'à l'autre, conduit l'individu à un débalancement qui peut faire de lui un banni, un errant, un chuté de paradis.

<small>Landscape signifie paysage mais aussi panorama et coin de pays.</small>

Je me suis livré souvent, sans le savoir, au rituel du *Beauty way*, avec invocation chantée et tout le tremblement. Je sais bien, moi aussi, que j'existe au point de rencontre précis de deux univers, et que mon équilibre dépend du temps que je passe dans l'un et l'autre «paysage», non pas alternativement, à tour de rôle, mais en «même temps»! Entrer en soi, comme on respire, toujours aux aguets, mener partout sa battue, percevoir, sentir remuer dans son corps (les Navajos parlent de *body shift*) la connaissance nouvelle au travail, comme un microbe tout neuf, un levain, un philtre...

Quand même, ce temps-là est trop court, celui du *Beauty way*, comme celui de l'attention — du *focusing*, disent encore les Navajos.

Lopez écrit : « One learns a landscape finally not by knowing the name or identity of everything in it, but by perceiving the relationships in it — like that between the sparrow and the twig... »

Tu ne connais pas un coin de pays ou un territoire, simplement en apprenant les noms et les caractéristiques de tous les êtres qui l'habitent, mais en devenant sensible aux innombrables interactions qui s'y déploient, telles celles qui relient le moineau à la brindille.

* * *

J'ai revu le chevreuil (ou son frère), sortant de la neige, comme une apparition, sa croupe sombre surgissant puis disparaissant dans la rafale. La faim l'a fait sortir de son abri et peut-être aussi le besoin de se dégourdir les pattes. Il bondissait balourdement, ses élans entravés par l'épaisse paillasse de neige, mais gracieux tout de même, sauvagement distingué. Je ne l'ai pas suivi longtemps, empêtré jusqu'aux hanches, et le souffle mort au bout de quarante demi-enjambées, dans le champ. J'aperçois une dernière fois son fessier brun-roux, un ultime saut qui semble le lancer dans le ciel…

* * *

Non, je ne suis pas toujours ici, pas toujours aux aguets, pas toujours « dehors ». Je travaille, je m'éloigne, je fraye en ville, où je parle tant, écoute tant, que je suis, rendu ici, étourdi et désemparé, dès que le bruit du moteur s'arrête et que la voiture halète dans le silence de la nuit. J'ai deux vies, comme chacun. Et l'autre est ce qu'elle est, souveraine et bien remplie, elle aussi, ma vie de ville, de coulisses de théâtre et de salles enfumées, où une certaine passion est à la besogne et appelle, elle aussi, toute ma concentration et m'enseigne, bien sûr, à ne jamais me croire seul et fini. Mais, justement, dans les salles de répétitions, les salles de classe, les couloirs des studios, où je gagne ma vie (et en perds de grands lambeaux, comme il se doit!), j'improvise en civilisé, je m'agite, et parfois m'enflamme, mais en suivant les règles. Je me prends au jeu (c'est le cas de le dire!) d'une empoignade précise, d'un travail, d'une recherche, d'un acharnement qui ont leurs buts, leurs langages (codés). Je suis alors un rythme, obéis à des exigences, bref, suis attentif autrement. Ma vigilance est entremêlée à celle des autres. Au théâtre, c'est *nous*, toujours *nous*, il le faut. La passion est divisée par cinq, par dix, par trente parfois, et tu es une matière, un matériau, une roue, et une seule, de la belle grosse machine. Tu es un esclave, souvent bienheureux, en tout cas extraordinairement *enrôlé*, de temps en temps consentant, et la pyramide, parfois, arrive à se tenir debout et à lancer ses messages dans le ciel sans étoiles de la grande cité. Elle fera l'objet d'un autre écrit, peut-être, cette vie-là, où les autres, tous les camarades, remplaceront les écrivains, les bêtes, les paysages qui, dans ces pages, sont mes interlocuteurs. Et puis je ne sais pas : ma vie de ville est « obligée », et si je consens, le plus souvent, à me soumettre à ses misères comme à sa magie, je ne ressors pas moins de ces turbulences avec une âme épuisée, parfois ravie, mais inchangée, toujours avide de ciel, d'herbe, et prise d'un puissant désir de chasse et d'embuscade, d'une envie terrible, inassouvissable, de me connaître dans ma sauvagerie, mes inapprivoisements, ma secrète, essentielle et insondable appartenance à l'univers naturel. Et puis, l'étrange et ardente amitié dans le travail se suffit peut-être à elle-même? Je songe à Colette, écrivain de la solitude et des volubilis, auteur de livres « organiques », où la sensualité et la belle attention de chatte en chasse de l'écrivain surpassent de loin les exigences des « règles de l'art », et qui fut pourtant, elle aussi, rat de music-hall, danseuse asiatico-parisienne, puis parfumeuse, académicienne, et plus et quoi encore.

Les volubilis bleus, les potagers de Provence, le pelage roux des chats et celui, pas moins doux, des pêches — qu'elle adorait et mettait sur toutes les joues de femmes —, ne s'opposaient pas, dans l'âme généreuse et l'esprit déluré de la Bourguignonne, aux voiles de danseuse du ventre, aux bracelets de strass, aux comptoirs des cafés enfumés, aux salons enténébrés des fumeries d'opium, aux discussions animées autour d'une table, réunissant romanciers et poètes ayant à évaluer les mérites de telle œuvre nouvelle et peut-être géniale... (« Épaule-t-on ce qui chancelle, si l'on ne s'arc-boute ? » disait-elle, pour justifier son ardeur à se mêler de tout.)

Pourtant, quand Colette reprend le chemin de sa Provence ou de sa Bretagne, redevenue « suspecte à ses semblables », c'est pour retrouver le frais du soir comme « une robe d'air nouveau sur la peau libre ». Elle parle alors de certaines heures, au bord de la nuit *bleue* (encore), comme de ces instants qui font « grandir, braver, oser... », raconte l'aube nouvelle, retrouvée, « qui n'est aujourd'hui que petites nues en pluie de fleurs, une aurore pour des cœurs délivrés... ». Elle dit tout, quand elle écrit, enfin revenue chez elle : « Ce n'est pas trop de naître et de créer chaque jour... Je vais encore une fois découvrir le monde et y appliquer des sens nouveaux... »

Giono, à la fin de sa vie, fit du cinéma. Pour lui aussi, une autre vie, animée, déraisonnable, et qui le passionnait... autrement. Mais il n'en parle pas, n'écrit pas là-dessus. Dans sa nouvelle fonction, il reste l'ouvrier obsédé, secret. Et pourtant il parle, il écoute, il s'émerveille de ses acteurs comme de ses paysages. Mais, quand il rentre chez lui, à Manosque, c'est pour écrire : « La nuit tout ensemencée d'étoiles et qui veut cent milliards de siècles pour germer... »

La passion de l'attention peut héberger bien des métiers, beaucoup de besognes, faire perdre et gagner pas mal de temps, dans la vie, cette quête infinie. On dira sans doute de moi ce que Mauriac a dit de Colette (« cuisante louange ») : « Où ne s'est-elle pas fourrée, cette grosse abeille ? »

Et j'aurai envie, bien sûr, de répondre, comme l'amante des volubilis, des chats et des rideaux cramoisis de son music-hall : « Pour l'heure, elle se fait un tout petit miel des deux fleurs — elles sont deux maintenant — sur le marronnier rose... Les jours ne sont point avares mais rapides... La vie d'un être à peu près immobile est un tourbillon de hâte et de variété... »

* * *

Nous remontons la rivière Sainte-Anne, puis descendons la Cascapédia. Je suis en Gaspésie pour des conférences et des rencontres littéraires, et surprends ici le grand dégel, dans toute son extravagance. De tout temps, j'avais rendez-vous avec le garrot à œil d'or, la macreuse à bec jaune et la sarcelle à ailes vertes. Ces trois beaux canards s'en vont baignant, dans une baie de la Cascapédia en crue. J'ai vu des chutes, des cascades, des cataractes d'eau blanche sur les grands rochers et, tout en bas, dans un bassin où l'eau, à peine reposée, tourbillonne encore, j'aperçois enfin le garrot. Il est agité. Il siffle en tournoyant au-dessus d'une petite île de sapins, puis descend vers la rivière, en hydravion, traçant une longue flèche d'or sur le lisse noir de l'eau. Il nage, follement, en cercle, autour de sa femelle, fou de puissance et de désir, puis redécolle, monte et s'en va siffler au large, pour éloigner son rival qui chiale un peu en aval. Jean-Pierre arrête la voiture au bord de la route, dans le creux d'un méandre. Nous plantons vite le télescope dans le sable et observons à notre aise le manège amoureux des garrots. Le printemps me surprend ici, au bord d'une des plus belles rivières du monde, ses bords encore glacés, un voile de brume couché sur l'argent noir de ses eaux délivrées. Le printemps, donc la fin de mon livre, la boucle est bouclée — d'avril à avril. Je fais pivoter la lunette et scrute le courant. La sarcelle, la plus belle, à ailes vertes, nage et picore dans un banc d'algues pourries. Un peu plus loin, la macreuse, en altesse royale orientale, sillonne l'eau presque blanche d'une petite anse sans remous. J'exulte, le soleil me chauffe les épaules et Jean-Pierre a ce ratoureux petit sourire en coin du bon montreur de tours. Je ne lui dis pas — je ne connais Jean-Pierre que depuis hier, mais déjà file, avec lui, la plus braconnière et la plus parfaite amitié, celle qui lie les vrais ornithologues, les fous d'oiseaux — que mon livre touche à sa fin, que je l'arrêterai ici, au bord de la Cascapédia et qu'il sera, lui (mon guide, mon « organisateur responsable », mon « chauffeur »), le dernier personnage humain de mon fantasque traité des quatre saisons, si vite et si lentement passées. Le garrot, la sarcelle, la macreuse, que je n'avais jamais vus, je les observe à loisir, heureux et dolent, parce que j'achève mon récit et pressens cet achèvement à la fois comme une délivrance et comme un deuil, comme de raison.

Tout à l'heure, Jean-Pierre, dans les hauteurs derrière Cap-Chat, son village, m'a mené voir la crécerelle, que nous avons épiée, tandis qu'elle chassait. Tout en bas de la montagne, une crique endiablée bruissait et chuintait, pareille à un gros vent dans les épinettes. Le petit rapace plongeait dans l'herbe, remontait en sifflant, les ailes torturées par la brise, se posait délicatement sur la tête d'un pin, d'où son œil puissant scrutait le champ, puis repartait, sifflait, plongeait, remontait, se perchait à nouveau, replongeait, revenait, inlassable, joyeusement féroce, et on voyait bien le gris-bleu, l'ocre et le blanc de ses plumes retroussées. Je songeais déjà que ma besogne approchait de sa fin, que je n'avais pas dit, pas écrit grand-chose, mais que j'avais fait de mon mieux, et que de toute façon ce serait bientôt derrière moi, que je n'avais plus qu'à écrire la péroraison, comme on dit pour un discours, où l'on sait bien qu'on s'est embrouillé à vouloir tout exprimer, de sa pauvre science et d'une indicible passion, qui peut-être ne se partagent pas davantage qu'un éblouissement de rêveur plongé dans des lointains très personnels. La crécerelle chasse, le garrot fait sa cour, l'écrivain écrit, en transe et sifflant, absolument seuls, absolument incapables de faire autrement.

Nous remontons dans l'auto, longeons la rivière et nous arrêtons, trois cents pieds plus loin, pour apercevoir le garrot encore, un autre mâle sur le qui-vive, et qui danse sur l'eau, tourmenté par un trop-plein de désir, le long d'un liséré de glace d'un bleu de ciel d'été. Je songe à Colette et à sa passion pour les innombrables bleus, et je sais que je n'ai pas assez bien parlé de ma vieille amie, qu'il y aurait tant à raconter encore de mon admiration reconnaissante pour cette savante sauvage qui, à quatre-vingts ans, répondait à son mari, venu voir dans sa chambre si elle ne s'ennuyait pas : « Mon meilleur ami, comment veux-tu que je m'ennuie ? Le ciel lui-même m'en détourne... »

Je promène le télescope et découvre le vert tendre des saules, une nuée de moustiques, déjà, au-dessus d'un miroir d'eau, le museau d'un siffleux qui hume le vent, renifle à gauche, renifle à droite, saoul des senteurs nouvelles, recommencées. C'est ce que j'ai fait, dans ces pages, promené mon museau imparfait, déficient mais obstiné. J'ai humé en forcené, dans l'herbe et dans les livres ouverts. Je scrute le marécage où grouillent déjà mille vies, et songe à mon écrit, où grouillent autant de destins, et j'entends Gabrielle Roy, ce « grand feu de petits fagots », s'inquiéter de ne pas arriver encore à décrire « l'insaisissable essentiel auquel je donne la chasse ». Oui, c'est bien ça : les mystères restent entiers, et la joie de voir est moins déchiffrable encore que la surprise et la peine d'être si souvent aveugle. De son très lointain Manitoba, « son échappée de ciel ardent, de moisson blonde et d'espace à consoler le cœur », elle a su si bien parler, nous rappelant sans cesse que « l'on est ignorant de sa propre vie plus que de toute chose sur la Terre ». (Je vous en conjure, lisez *La Détresse et l'Enchantement*, aujourd'hui, tout de suite!) De « la grâce des profondeurs dormantes », chez Gabrielle Roy, je n'ai pas su dire assez, non plus. Si j'ai pu convier à certain désir de lire, mon tourment s'apaisera un peu. De toute manière, c'est fini, le printemps est là. Je ne lâche pas, ne lâcherai plus de l'œil le garrot, l'araignée ou le sizerin, la sauterelle, le papillon, les mots, la page, ce passage ébloui de tel livre et de tel autre encore : je connais mes repères, mes chances, je sais où se trouvent ma joie, mon espérance, mon salut.

— Robert, on va être en retard à ta conférence!

Après avoir lancé, très fort, ce rappel à l'ordre, enfoncé dans une touffe d'aulnes, au bord de la rivière, là-bas, Jean-Pierre éclate de rire et tombe assis, sur un talus de mousse. Je l'imite, et m'écrase dans le foin chaud. Nous serons en retard, et ce sera la faute de la Cascapédia, du printemps, subitement arrivé, de mon livre que je finis, comme je l'ai commencé, assis dans l'herbe et tâchant de réveiller tous mes sens et pas mal de ces souvenirs vivants qui me tiennent lieu d'âme. Nous laissons mourir le rire sur nos lèvres, tournons la tête vers la rivière encore et nous taisons. Jean-Pierre devine, sans doute, que je suis peuplé de détresse et d'enchantement, il connaît mes livres et, depuis peu, mes élans et élancements de coureur des bois et surtout de rivières. Sa Cascapédia, il le sait, m'attrape de partout et ne me lâchera plus jamais. Pour lui montrer un peu de ma difficile joie d'être ici, d'achever le livre, d'endurer si délectablement le soleil sur mes épaules, je crie à mon tour :

— C'est beau !

Il hoche la tête, sourit. J'ajoute, plus doucement, comme un secret :

— Tu peux pas savoir...

Il hoche la tête, plus vivement encore que tout à l'heure. Il sait, bien sûr. Pour lui aussi, c'est le printemps, sans doute la fin de quelque chose et le commencement d'une saison inespérée, la reprise d'un désir qui s'était endormi. Je ferme les yeux et continue de voir l'étalement vif-argent de la rivière, l'envol frénétique du garrot, l'œil espiègle et fraternel de Jean-Pierre, les mots, les derniers, que j'écris, sans crayon ni papier, et qui ont quelque chose à voir avec ce vert moisi, mouillé, vieux et neuf, qui m'entoure. De Giono aussi, j'aurais voulu parler davantage et mieux, de sa chasse au bonheur, de sa manière de se trouver constamment, ici-bas, dans « des moments admirables ». Il y a quelque chose de lui, ici, au bord de la Cascapédia, avec Jean-Pierre. « Qui se penche sur une fleur (moi : un garrot, un être vivant, n'importe lequel !) s'approche plus près de Dieu que le cavalier des fusées. » J'achève, en le citant encore, pour finir, pour achever de donner le goût de cet immense écrivain, qui avoue humblement, fièrement, à la fin de sa vie, que « la sublimation se fait par tendresse » et qu'il s'agit simplement, quand on écrit, de « faire courir le phosphore romanesque sur une réalité plus vraie que la vie ».

J'ai très peu dit, c'est vrai, en jasant à qui mieux mieux. J'ai longuement détaillé et pourtant ça fera un livre court. J'aime les livres brefs, ardents, qui n'insistent pas, qui passent en lâchant sur nous une poussière brûlante et fraîche comme de la neige, comme le phosphore d'une comète. J'entends souvent Annie Dillard scander pour moi : « Aim for the chopping block. If you aim for the world, you will have nothing. Aim past the

Prends pour cible le billot sous la bûche, pas la bûche elle-même. Ne prends pas

world, aim through the world : aim for the chopping block ! » *l'univers pour cible, tu n'arriveras à rien. Vise plus loin que l'univers, frappe à travers lui, cogne le billot !*

Écrire, voir, c'est pareil ! Ça exige la même vigilance tranquille. J'ai peut-être su dire ça, au moins, cette espèce de flânerie circonspecte, libre et exacte, qu'est la vraie chasse, la lecture enchantée, l'écriture qui transcende.

Jean-Pierre se lève, il a le fessier tout mouillé et qui pendouille. Je me lève et tâte la même poche humide sous moi. Nous rions. Il y a tant à dire, que je n'ai pas dit, qui ne se dit peut-être pas, qui attendra ou qui sera oublié. Jean-Pierre s'approche, et l'œil vert dit pareil : on n'a pas le temps de tout voir, de tout nommer, de tout dire. On passe, et si vite !

Nous rangeons le télescope, remontons à regret dans la voiture, filons vers la baie des Chaleurs, où m'attendent quelques lecteurs, pour la plupart désemparés, parfois bienheureusement, par mes livres. Pour expliquer tout de même un peu mon silence heureux et persécuté, cet air ahuri et accablé de mission accomplie que j'ai, comme un masque, sur le visage, je déclare vitement à Jean-Pierre :

— Je viens d'achever mon livre.

— Là, maintenant, tout de suite ?

— Hé oui !

Ce mystère-là n'a pas l'air de le surprendre tellement. Il dit :

— Et ça parle de quoi ?

Je vois qu'il regrette aussitôt d'avoir, un peu trop vite, trop machinalement, posé cette méchante question-là. Déjà la mer est en vue, et le clocher du village dépasse de la dernière colline. Ça parle d'oiseaux, de livres, de chevreuils, de notre chien, de notre chatte, de mes battues incessantes, de désir, d'espérance, de lueurs aperçues, le soir, dans les branches. Ça parle de moi, en chasseur solitaire, en scribouilleur obsédé. Ça parle…

— Jean-Pierre, connais-tu Flannery O'Connor ?

— Non. Je veux dire, je sais peut-être qui c'est, mais je l'ai pas lue.

Je ris dans ma barbe et ferme une seconde les yeux. Alors Flannery sourit pour moi. J'aperçois, derrière les lunettes, une paire d'yeux incroyablement ironiques et tendres. Je dis :

— Tu sais ce qu'elle écrit, quelques mois avant de mourir ?

— Non, bien sûr, mais je sens que je vais le savoir !

Jean-Pierre se tourne vers moi, l'œil vert est comiquement inquisiteur. Sur le menton, mon ami a une trace de boue en forme de fer à cheval. Nous sommes maculés de terre et piquetés d'herbe, tous les deux, et sentons le marais à plein nez. Passe encore pour moi, dont la réputation de sauvage n'est plus à faire…

— Flannery écrit, au bout de son rouleau, et pourtant si jeune encore : « Je ne me battrais pas pour chaque mot tombé de ma bouche, mais il y a des tas de choses dont je ne parviens pas à parler et pour lesquelles je me battrais… »

Jean-Pierre sourit, hoche la tête encore, et dit :

— Je vois…

Peut-être voit-il, après tout ? Peut-être voient-ils, tous, et alors l'écrivain perd son vent ? Je regarde Jean-Pierre, il me regarde, et nous éclatons ensemble d'un fou rire d'église, ou plutôt de gars très en retard à la conférence, et sans le moindre remords. La voiture descend la grande côte qui tombe dans la mer, où nous paraissons vouloir aller nous perdre. Les fenêtres sont grandes ouvertes et il entre un air vif et salé qui remplit ma chemise, court sur ma peau d'hiver, encore mal réveillée.

Elle écrit encore, la Flannery, mourante et narquoise, à son amie Maryat Lee, ce mot, qui pourrait, bien sûr, m'être personnellement adressé :

« C'est une chance que nous ne nous soyons pas rencontrées enfants. Nous aurions fait exploser quelque chose. C'est moi qui aurais trouvé les allumettes mais je vous aurais gentiment laissé le soin d'allumer la dynamite… »

Sainte-Cécile de Milton
avril 1995 – mai 1996

Par ordre d'entrée en scène

F.-A. Savard, *L'Abattis*, Fides, 1943.

Barry Lopez, *Desert Notes*, Avon books, 1976.
River Notes, Avon books, 1979.
Field Notes, Random House of Canada, 1994.
Crossing open Ground, Vintage books, 1989.
Arctic Dreams, Charles Scribner's and sons edition, 1986.
Winter Count, Avon books, 1976.

Annie Dillard, *Pilgrim at Tinker Creek*, Harper Perennial, 1974, Prix Pulitzer.
The Writing Life, Harper Perennial, 1990.
An American Childhood, Harper Perennial, 1988.
Living by Fiction, Perennial library, 1983.

Bernd Heinrich, *A Year in the Maine Woods*, Addison Wesley, 1994.

Harry Bernard, *Le Règne animal*, librairie Granger Frères, 1936.

Diane Ackerman, *A Natural History of the Senses*, Vintage books, 1990.

Jean Giono, *Le Chant du monde*, Gallimard, 1934, folio 872.
Noé, Gallimard, Folio 365.
Le Poids du ciel, Gallimard, 1938, Folio, essai, 269.
Le Hussard sur le toit, Gallimard, 1951, Folio Plus.
La Chasse au bonheur, Gallimard, 1988.
Un roi sans divertissement, Gallimard, 1948, Folio 220.
Rondeur des jours, Gallimard, 1943, Folio 345.
Le Moulin de Pologne, Gallimard, 1953, Folio 274.
Deux cavaliers de l'orage, Gallimard, Folio 198.

Jean et Taos Amrouche, *Entretiens avec Jean Giono*, Gallimard, 1990.

John Steinbeck, *Journal of a Novel (The East of Eden letters)*, Vicking Press, 1969.
Working Days, The Journals of Grapes of Wrath, Vicking Penguin, 1989.

Danièle Sallenave, *Le Don des morts*, Gallimard, 1991.

Flannery O'Connor, *The Habit of being, Letters of Flannery O'Connor*, Farrar, Straus et Giroux, 1979.
Mysteries and Manners, Farrar, Straus et Cudaly, 1961.

Jocelyne François, *Joue-nous España*, Mercure de France.

Paul Provencher, *Mes observations sur les insectes*, éditions de l'Homme, 1977.

Gabriel García Márquez, *De l'écriture pour unique démon*, entretien dans le journal *Le Monde*, 27 janvier 1995.
De l'amour et autres démons, éditions Grasset, 1995, traduction : Annie Morvan.

Colette, *L'Étoile Vesper,* Arthème Fayard, 1986, livre de poche 6715.
La Naissance du jour, Flammarion, 1926, J'ai lu 153.
Le Fanal bleu, Fayard, livre de poche.
Les Vrilles de la vigne, Hachette, 1901, livre de poche, 373.

Gabrielle Roy, *La Détresse et l'Enchantement,* Boréal compact, 1988.
La Route d'Altamont, Boréal compact, 1992.
La Rivière sans repos, Boréal compact, 1995.
Cet été qui chantait, Boréal compact, 1993.
Ely! Ely! Ely!, Boréal compact, 1988.
Le Vieillard et l'Enfant, Boréal compact, 1992.
La Montagne secrète, Boréal compact, 1994.

Margaret Laurence, *The Diviners,* McClelland and Stewart, 1974.
With Al Purdy, A Friendship in Letters, edited by John Lennox, McClelland and Stewart, 1993.
A Very Large Soul (selected letters to Canadian writers), Cormorant books, 1995.

Henry James, *Sur Maupassant,* précédé de *L'art de la fiction,* Éditions Complexe, 1987. Traduction : M. Sibon et M. Zénaffa.

Doris Betts, *Souls Raised from the Dead,* Scribner paperback edition, 1994.

Christian Bobin, *L'Inespérée,* Gallimard, 1994.

Jonathan Weiner, *The Beak of the Finch,* Vintage books, 1994.

Marguerite Yourcenar, *L'Œuvre au noir*, folio.
Mémoires d'Hadrien, folio.

Rick Bass, *Oil Notes*, Southern Methodist University Press, Dallas, 1989.
Platte River, Ballantine books, 1994.
The Watch, Norton Paperback fiction, 1989.

Karen Blixen, *Ombres sur la prairie*, Gallimard, folio 2727. Traduction : Marthe Metzger.

Constantin Paoustovski, *La Rose d'or, Notes sur l'art d'écrire*, Gallimard, littératures soviétiques, 1968. Traduction : Lydia Delt et Paule Martin.

John James Audubon, *Journaux et récits I et II*, L'Atalante, Bibliothèque de Nantes, 1992.

Montaigne, *Les Essais (I, II, III)*, Gallimard, folio 289-290-291.

Gustave Flaubert, *Préface à la vie d'écrivain*, extraits de la correspondance, éditions du Seuil, 1963.

Jean Carrière, *Jean Giono, Qui suis-je ?*, La Manufacture, 1985.

emily dickinson, *Poems*, Little, Brown and C°, 1957.

Pierre Morency, *Lumière des oiseaux*, Boréal, 1992.

Michel Garneau, *emily ne sera plus jamais cueillie par l'anémone*, VLB, 1981.

AUTRES TITRES AU CATALOGUE

Emmanuel Aquin
Désincarnations
Icare
Incarnations
Réincarnations

Denys Arcand
Le Déclin de l'empire américain
Jésus de Montréal

Gilles Archambault
À voix basse
Les Choses d'un jour
Enfances lointaines
L'Obsédante Obèse et autres agressions
Le Tendre Matin
Tu ne me dis jamais que je suis belle
Un après-midi de septembre
Un homme plein d'enfance

Jean Barbe
Les Soupers de fêtes

Manon Barbeau
Merlyne

Denis Bélanger
Les Jardins de Méru

Michel Bergeron
Siou Song

Julien Bigras
Ma vie, ma folie

Lise Bissonnette
Choses crues
Marie suivait l'été

Neil Bissoondath
À l'aube de lendemains précaires

Marie-Claire Blais
Soifs
Une saison dans la vie d'Emmanuel

Claude R. Blouin
Petite Géométrie du cœur

Jean-Pierre Boucher
La vie n'est pas une sinécure

Réjane Bougé
L'Amour cannibale
La Voix de la sirène

Jacques Brault
Agonie

Ralph Burdman
Tête-à-tête

Louis Caron
Le Canard de bois.
Les Fils de la liberté I
La Corne de brume.
Les Fils de la liberté II
Le Coup de poing.
Les Fils de la liberté III
Racontages

Claude Charron
Probablement l'Espagne

Carole Corbeil
Voix off

Esther Croft
Au commencement était le froid
La Mémoire à deux faces

Francine D'Amour
Écrire comme un chat
Presque rien

Lyse Desroches
La Vie privée

Paule Doyon
Le Bout du monde

Louisette Dussault
Môman

Joseph Jean Rolland Dubé
Gloire

Gloria Escomel
Les Eaux de la mémoire
Pièges

Madeleine Ferron
  Adrienne
  Le Grand Théâtre
  Un singulier amour

Timothy Findley
  Chasseur de têtes

Gilberto Flores Patiño
  Esteban

Roger Fournier
  Chair Satan

Lise Gauvin
  Fugitives

Michel Goeldlin
  Juliette crucifiée

François Gravel
  Benito
  Bonheur fou
  L'Effet Summerhill
  La Note de passage

Hans-Jürgen Greif
  Berbera

Louis Hamelin
  Le Soleil des gouffres

Louis Hémon
  Maria Chapdelaine

Patricia Highsmith
  Une créature de rêve

David Homel
  Orages électriques

Michael Ignatieff
  L'Album russe

Suzanne Jacob
  Les Aventures de Pomme Douly
  L'Obéissance

A. M. Klein
  Le Second Rouleau

Marie Laberge
  Annabelle
  Juillet

Le Poids des ombres
Quelques Adieux

Micheline La France
  Le Talent d'Achille

Robert Lalonde
  Le Fou du père
  Où vont les sizerins flammés en été?

Raymonde Lamothe
  N'eût été cet été nu

Monique Larouche-Thibault
  Amorosa
  Quelle douleur!

Monique LaRue
  La Démarche du crabe

Mona Latif Ghattas
  Le Double Conte de l'exil
  Les Voix du jour et de la nuit

Nicole Lavigne
  Un train pour Vancouver

Hélène Le Beau
  Adieu Agnès
  La Chute du corps

Rachel Leclerc
  Noces de sable

Louis Lefebvre
  Guanahani

Michèle Mailhot
  Béatrice vue d'en bas
  Le Passé composé

André Major
  Histoires de déserteurs
  La Vie provisoire

Alberto Manguel
  La Porte d'ivoire

Gilles Marcotte
  Une mission difficile
  La Vie réelle

Yann Martel
  Paul en Finlande

Eric McCormack
Le Motel Paradise

Guy Ménard
Jamädhlavie

Marco Micone
Le Figuier enchanté

Hélène Monette
Unless

Pierre Nepveu
Des mondes peu habités
L'Hiver de Mira Christophe

Michael Ondaatje
Le Blues de Buddy Bolden

Fernand Ouellette
Lucie ou un midi en novembre

Nathalie Petrowski
Il restera toujours le Nebraska
Maman last call

Raymond Plante
Avec l'été
Un singe m'a parlé de toi

Daniel Poliquin
L'Écureuil noir

Jean-Marie Poupart
L'Accident du rang Saint-Roch
Beaux Draps
Bon à tirer
La Semaine du contrat

Antoine Prévost
De Saint-Denys Garneau,
l'enfant piégé

André Pronovost
Appalaches

Monique Proulx
Les Aurores montréales
Homme invisible à la fenêtre

Bruno Ramirez et Paul Tana
La Sarrasine

Yvon Rivard
Le Milieu du jour
Les Silences du corbeau

Heather Robertson
L'homme qui se croyait aimé

Alain Roy
Quoi mettre dans sa valise ?

Gabrielle Roy
De quoi t'ennuies-tu, Éveline ?
suivi de Ély ! Ély ! Ély !

Joseph Rudel-Tessier
Roquelune

Jacques Savoie
Les Portes tournantes
Le Récif du Prince
Une histoire de cœur

Éric Simon
L'Amoureux cosmique

Christiane Teasdale
À propos de l'amour

Marie José Thériault
Les Demoiselles de Numidie
L'Envoleur de chevaux

Carole Tremblay
Musique dans le sang

Dalton Trumbo
Johnny s'en va-t-en guerre

Pierre Turgeon
Le Bateau d'Hitler

Serge Viau
Baie des Anges

Robert Walshe
L'Œuvre du Gallois

Claude-Emmanuelle Yance
Alchimie de la douleur

MISE EN PAGES ET TYPOGRAPHIE :
LES ÉDITIONS DU BORÉAL

ACHEVÉ D'IMPRIMER EN FÉVRIER 1997
SUR LES PRESSES DE L'IMPRIMERIE AGMV
À CAP-SAINT-IGNACE (QUÉBEC).